부산항을 가득 채우는
사람들의 이야기

부산항
사람들

부산문화재단

사람 · 기술 · 문화

총   서
8

부산항 사람들

부산항을 가득 채우는
사람들의 이야기

부산문화재단
BUSAN CULTURAL FOUNDATION

목차

부산항
사람들
부산항을 가득 채우는
사람들의 이야기

부산항
위치도

부산역

용두산공원

중앙역

부산항만공사 신항사업소

부산역

남포역

1부두

2부두

북항재개발구역

부산항만공사 본사

부산항 연안 여객터미널

3부두 – 초량 부두, 화물 부두
4부두 – 크루즈 부두, 북항 중앙 부두, 여객선 부두
5부두 – 동방허치슨, 허치슨터미널, 허치슨 부두
6부두 – 자성대 부두(컨테이너 부두)
7부두 – 우암 부두
8부두 – 감만 시민 부두(남쪽 부근)

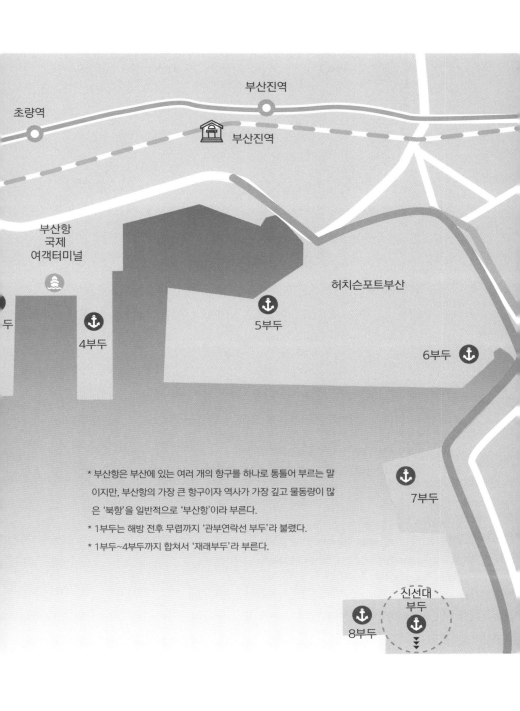

부산진역

초량역

부산진역

부산항
국제
여객터미널

허치슨포트부산

두

4부두

5부두

6부두

7부두

* 부산항은 부산에 있는 여러 개의 항구를 하나로 통틀어 부르는 말
  이지만, 부산항의 가장 큰 항구이자 역사가 가장 깊고 물동량이 많
  은 '북항'을 일반적으로 '부산항'이라 부른다.
* 1부두는 해방 전후 무렵까지 '관부연락선 부두'라 불렸다.
* 1부두~4부두까지 합쳐서 '재래부두'라 부른다.

신선대
부두

8부두

일러두기

- 이 책은 구술자가 사용한 사투리나 말투를 되도록 살려서 실었다.
- 본문은 자료 조사와 인터뷰를 중심으로 구성되어 있다.
- 본문에 기재된 인터뷰 내용은 구술에 의존한 것으로 명확한 사실관계에 의거한 것은 아니다.
- 이 책의 표기에 관해서는 아래의 원칙을 따랐다.

▶ 작은따옴표 (' ') 는 강조의 경우

▶ 큰따옴표 (" ") 는 직접 대화를 나타내거나 직접 인용 및 강조의 경우

▶ 홑낫표 (「 」)는 단행본 수록 작품 및 논문의 제목 혹은 그림이나 노래 등 작품 제목

▶ 겹낫표 (『 』)는 책의 제목

▶ 소괄호 (( ))는 저자나 편집자의 보충 설명 혹은 우리말 표기와 원어 표기 병기의 경우

▶ 빗금 (/) 은 시나 노래 가사의 행이 바뀌는 부분

▶ 쌍빗금 (//) 은 시나 노래 가사의 연이나 절이 바뀌는 부분

▶ 화살괄호 (〈 〉) 신문, 잡지 등 정기간행물과 영화, 연극, 방송 등 제목 및 기타 명칭

총론

부산은 항구도시다
김 승

교수

부산 출생 토박이로
30여 년간 부산경남지역의 근현대사를 중심으로 연구하였다.
속지 않는 자들이 늘 방황하듯이
창의적 연구를 위해
최근에는 약간 방황하는 시간을 즐기고 있다.

총론

부산은
항구도시다

김 승

부산은 항구도시다. 항구도시는 글자 그대로 항(港)과 구(口)의 기능을 갖춘 도시를 일컫는다. 항구에서 '항'은 '강 혹은 바닷가에 위치한 고을'을 의미하고 '구'는 '사람과 물자, 지식과 정보 등이 들고나는 문(門)'을 뜻했다. 한마디로 항구도시는 강과 바다를 매개로 사람과 물자, 지식과 정보 등의 교류가 이루어지는 공간을 일컫는다.

동서고금을 막론하고 외국과 교역이 활발했던 항구도시일수록 이문화 유입에 의한 문화적 충돌과 문화적 변이가 많았다. 이는 새로운 다양성과 혼종성을 낳으며 항구도시를 역동적인 곳으로 이끌었다. 조선시대 이후 오늘날까지 한반도 최대의 대외교역항으로서 기능하는 부산항은 이 점에서 항구도시가 갖춘 다양성과 혼종성, 개방성과 포용성을 모두 갖추고 있다고 하겠다. 항구도시 부산을 이해하는데 제일 먼저 주목할 것은 항구도시로서 장기지속성이다. 중세 유럽의 최대 항구도시였던 베네치아는 신대륙의 발견 이후 쇠락했고, 동남아시아의 말라카 역시 19세기 초 싱가포르가 부상하면서 몰락했다. 전근대 동아시아 최대 항구도시였던 광저우 또한 아편전쟁 이후 그 지위를 상하이와 홍콩에 넘겨주어야 했다. 일본의 나가사키 역시 에도막부 200여 년간 번성했으나 미국에 의해 개항되면서 항구도시로서 지위는 요코하마와 고베에 뒤처졌다.

이처럼 세계적인 항구도시들은 교역체계의 변화에 따라 번영과 쇠락을 거듭했다. 하지만 부산항은 조선시대 왜관이 설치된 이후 지금까지 600여 년간 그 지위를 유지하고 있다. 부산항의 이러한 특징은 자연적 조건에서 북항이 만(灣)과 같은 모습을 갖추고 있고 지정학적인 측면에서 동북아의 요충지에 위치한다는 사실과 깊은 관련이 있다. 향후 한반도와 유라시아를 연결하는 철도망이 구축된다면 부산항의 지정학적 중요성은 더 강화될 것으로 본다.

조선시대 초량왜관이 있었던 부산항은 1876년 강화도조약에 의해 개항이 되면서 근대도시로 탈바꿈하였다. 개항과 함께 용두산을 낀 10만 평의 옛 초량왜관은 일본인의 치외법권이 주어진 전관거류지로 바뀌었다. 이후 전관거류지에는 일본영사관을 비롯해 관공서와 금융기관, 근대적 편의시설들이 세워졌다. 이로써 오늘날 원도심 지역에 해당하는 동광동, 중앙동, 광복동, 남포동 일대가 도심지로 변화했다. 근대도시 부산의 탄생은 곧 전통도시 동래의 쇠락을 예고했다. 그것은 부산의 중심지가 옛 동래에서 일본인 전관거류지로 옮겨감을 의미했다. 부산항이 근대도시로 빠르게 바뀌면서 자연스럽게 도심 공간의 부족 문제를 야기했다. 부산항은 1902년부터 1913년까지 진행된 북빈매축공사와 영선산착평공사를 시작으로 이후 일제가 패망할 때까지 바다를 메우는 매축공사를 계속했다. 그 결과 오늘날 남부민동 해안가로부터 자갈치, 중앙동과 부산진, 자성대 앞 55보급창, 감만동 앞 해안가 일대가 육지로 변화했다. 일제강점기 매축은 항만시설의 확충과 연계되었다. 일제가 건설한 제1~4부두는 당시에도 아시아에서 손꼽히는 부두시설들이었다. 부산항에 새롭게 조성된 매축지와 부두시설은 부산항이 관부연락선과 경부선이 연결되는 교통과 상업의 중심지로 성장하는데 지렛대 역할을 했다. 매축과 항만시설이 확충되는 것과 궤를 같이하여 부산항의 인구 또한 1910년 4만 3천 명에서 일제가 패망할 무렵 35만 명으로 증가했다. 1925년 진주에 있었던 경남도청이 부산으로 이전하고, 행정구역상 동래군에 속했던 서면과 남면 일부가 1936년과 1942년 각각 부산으로 편입된 것 또한 부산항 인구증가의 중요 요인이었다. 그러나 일제강점기 근대도시 부산의 성장에 제일 중요한 역할을 했던 것은 뭐니 뭐니해도 매축지의 확대와 항만시설의 확충이었다. 일제가 축조한 매축지와 부두시설들은 한국전쟁 당시 유엔군과 전쟁물자, 구호품 등의 신속한 상륙을 가능케 했다. 일제가 대륙침략과 한반도 수탈을 위해 건설했던 항만시설이 대한민국을 위기에서 구한 기반시설이 되었다는 점은 역사의 아이러니라고 하겠다.

　부산의 항만시설은 해방 이후 1970년대 중반까지 북항의 제1~4부두를 중심으로 운영되었다. 그러나 1970년대 들어서 세계 선박 화물의 컨테이너화가 빠르게 진행됨에 따라 부산항 역시 컨테이너 전용 부두시설의 확충을 필요로 했다. 부산항은 1974년 11월 자성대 앞쪽 제5부두 공사를 시작으로 2001년까지 우암동과 감만동, 신선대부두에 이르는 컨테이너 전용부두를 조성하였다. 이 과정에서 도심의 교통체증 완화와 부산항의 빠른 물동량 수송을 위해 경부고속도로와 연결되는 부산도시고속도로를 1980년 개통하고, 남해고속도로와 연결되는 동서고가도로를 1994년 완성했다. 새롭게 조성된 도로와 항만시설들은 부산항이 세계 5~7위의 컨테이너 물동량을 취급할 수 있는 항구도시로 성장하는데 견인차 역할을 하였다.

1970년대 이후 부산항 항만시설의 확충은 한국경제의 고도성장과 밀접한 관련이 있었다. 1963년 직할시로 승격된 부산은 신발, 섬유, 합판 중심의 노동 집약형 산업을 주력으로 하루가 다르게 성장했다. 부산의 이러한 산업 성장은 많은 노동력의 부산 유입을 불러왔다. 1968년 150만 명이었던 부산 인구는 1972년 200만, 1975년 245만, 1981년 324만 명으로 급증했다. 1960~1980년대 부산 인구의 증가는 뭍에서의 산업뿐만 아니라 바다를 매개로 이루지는 수산업, 조선업, 해운업 등의 성장과도 맞물려 있었다.

세계적인 항구도시들이 대부분 그렇듯이 부산항 역시 물리적인 항만시설의 확충만으로 성장할 수는 없었다. 바다와 관련된 많은 사람의 땀과 노력, 헌신이 있었기에 오늘날의 세계적인 항구도시가 될 수 있었다. 이 점에서 부산항을 세계적 항구도시로 성장케 하는데 자신의 삶을 바쳤던 바다 사람들을 이제는 올바르게 평가하며 새롭게 기억해야 할 것이다.

바다와 관련해서 삶을 살았던 사람 중 제일 먼저 되돌아봐야 할 것이 부두하역노동자들이다. 부산항 부두하역노동자들의 출현은 개항 직후부터였다. 이후 부두하역노동자들은 1970년대 부산항의 물동량이 컨테이너 중심으로 바뀌기까지 오랫동안 부두에서 중요한 역할을 했다. 1921년 9월 부산부두노동자총파업과 1960년 5월 부두노동자파업에서 볼 수 있듯이, 아무리 많은 화물을 철도 또는 선박에 싣고 부두에 도착하더라도 부두하역노동자들의 신속한 하역이 이루어지지 않는다면 모든 것이 도루묵이었다. 일제강점기는 말할 것도 없고 해방과 한국전쟁기, 1950년대 원조물자, 1960년대 수출입 화물 중 많은 물량이 부두하역노동자들에 의해 운반되었다. 한국전쟁기의 가난과 배고픔에 허덕일 시절에는 부두하역노동마저 쉽게 구할 수 없다.

부두하역노동자들은 대개 10여 명씩 한 조로 구성되어 반장의 지휘하에 움직였다. 1950~1960년대 생활품과 공산품, 무게가 나가는 석탄과 시멘트, 설탕 가루와 전지분유, 옥수수 가루 등을 하역한다는 것은 몹시 힘든 작업이었다. 하역노동자들은 두 명 혹은 대여섯 명이 목도를 어깨에 짊어지고 리듬에 맞추어 무거운 물건들을 운반했다. 화물 운반 중에 일꾼들이 물에 빠지거나 더러 화물에 깔려 비운을 맞기도 했다. 부산항의 역사에는 가족의 생계를 위해 목숨을 담보로 중노동을 했던 부두하역노동자들의 애잔한 삶이 녹아 있는 곳이다.

부산항의 크레인 기사들은 1978년 제5부두가 컨테이너 전용부두로 지정되면서 늘어났다. 초창기 크레인 장비들은 차관을 빌려 일본에서 가져와 일본인 기술자들이 조립했다. 기계가 고장 났을 때 기술 이전을 우려한 일본인 기술자들은 우리 정비사들이 없을 때만 장비를 수리했다. 한일 간 기술격차가 컸던 옛 시절의 일들로, 이제는 추억 속의 이야기가 되고 말았다. 현재 세계적 추세에 발맞추어 부산의 항만시설들은 하루가 다르게 디지털화가 진행되고 있다. 크레인 분야에서도 자동화가 추진되는 만큼 북항의 크레인 기술자들 역시 감소할 것으로 보인다.

부산항 앞바다에서 활동하는 사람들 가운데는 통선 종사자들도 많았다. 통선은 항만 내외에서 묘박 중인 선박과 육지 사이의 연락을 중계하는 선박을 일컫는다. 일종의 해상택시라고 할 수 있다. 대형 선박이 항구에 정박할 수 없거나 부두 접안료 및 사용료 문제로 외항 묘박지에 머물 경우 해당 선박의 선원이 뭍으로 들어올 때, 또 해상의 각종 선박 수선과 청소 등을 위해 일하는 사람들이 배로 이동을 할 때, 예나 지금이나 모두 통선을 이용했다. 과거 연근해의 어항이 좋았을 때는 많은 어선이 조업을 했고 실제로 통선의 벌이도 괜찮았다. 새롭게 단장한 중형 이상 통선들은 지금도 부산항의 중요 운송 수단으로서 활약하고 있다. 그러나 노후화된 소형 통선의 경우 90년대부터 어족자원 보호를 위해 어선 조업 방식이 바뀌면서 일자리가 점점 줄어드는 상황이다.

개항 이후 부산은 각종 선박의 건조와 수리를 위한 조선업의 메카로 자리 잡았다. 자갈치 해안 맞은편 영도 대풍포(현, 대평동) 일대는 해안가 깊숙이 만이 형성되어 있어 선박이 정박하기 좋아, 조선업을 하기에 유리한 곳이었다. 그래서 이 일대는 한국의 조선소 발상지가 되었다. 1912년 영도 대평초등학교 자리에 세워진 다나카조선소는 대평동 일대가 매축 되자 그곳으로 이전하여 1925년 국내 최초로 엔진 동력을 이용한 선박을 개발했다. 이후 대평동 일대는 다나카조선소를 선두로 60여 개의 조선소가 들어서 동력선, 무동력선 할 것 없이 선박 건조와 수리의 중심이 되었다. 1937년 철강 전문 조선소인 조선중공업(현, 한진중공업)이 설립되면서 영도는 또 한 번 조선업의 중심지임을 입증했다.

해방 이후 대평동 일대 조선소는 민간인들에게 불하되어 1960~1980년대 선박 수리업이 최전성기를 누렸다. 대평동 일대는 "영도에서 못 구하면 한국에서 못 구한다"라는 말이 있을 정도로 조선 수리 관련 업체들의 인프라가 잘 구축되어 있었다. 이곳에서는 1960년대 후반부터 선체 외판의 해조류와 녹, 낡은 페인트 등을 벗겨내기 위해 아지매들이 망치를 두드리는 깡깡이 작업이 성행했다. 깡깡이는 망치를 두드릴 때 '깡깡' 소리가 나는 데서 유래했는데 이후 대평동의 마을 명칭 또한 깡깡이마을로 불렸다.

깡깡이 작업에 종사한 아지매들은 보호안경과 방진마스크, 안전화 등과 같은 기본적인 장비조차 없이 망치 하나로 작업했다. 가족의 생계와 자식들의 교육을 위해 깡깡이아지매들은 수십 년간 고된 작업을 마다하지 않았다. 산업구조의 변화에 따라 깡깡이 작업도 이제 소수의 사람에 의해 겨우 명맥이 유지되고 있다. 다행히 마을주민들과 뜻있는 분들에 의해 깡깡이마을박물관, '우리 모두의 어머니(Mother of Everyone)'를 비롯해 골목골목에 각각의 벽화들이 이 생겨나면서 억척같은 부산 아지매들의 삶을 기억할 수 있는 문화예술마을로 거듭나고 있다.

해상운송이 많은 항구도시의 선박 운항에서 무엇보다 중요한 것은 안전 운항이다. 우리나라 수출입 화물의 75%를 처리하는 동북아 최대의 부산항은 하루 800~1,000척 이상의 선박들이 운항을 하고 있다. 공항의 관제탑과 같이 부산항을 운항하는 300톤 이상의 이들 선박에 대해 항만과 해상의 상황, 기상정보 등을 제공하여 안전 운항의 길잡이 역할을 하는 것이 바로 부산항 해상교통관제센터(VTS)이다. 부산항에는 남해지방해양경찰청 소속의 해상교통관제센터가 부산신항과 영도 동삼혁신지구, 총 2곳에 설치되어 있다. 부산신항의 해상교통관제센터는 2005년 설치되었다. 영도 동삼혁신지구의 해상교통관제센터는 1998년 한국해양대학교의 아침섬(朝島) 정상에 설치되었던 것이 2017년 7월 현재의 위치로 이전한 것이다. 2019년 자칫 대형사고로 이어질 수 있었던 러시아 선박의 광안대교 충돌사건은 술 취한 러시아 선장이 해상교통관제센터에 보고 없이 출항하다 발생한 일이었다. 부산의 가을 하늘을 불꽃으로 물들이는 부산불꽃축제 때 관광객을 태운 100척 이상의 크고 작은 선박들이 광안대교 주위로 몰리는데, 승선 관람객들이 안전하게 불꽃축제를 즐길 수 있는 것도 24시간 운영되는 해상교통관제센터 때문에 가능하다. 이처럼 부산항에는 보이지 않는 곳에서 바다의 안전을 담당하는 사람들의 노고가 숨어 있다.

부산항의 기능 중 빼놓을 수 없는 것이 수산업이다. 개항 이후 부산으로 건너온 일본인들이 제일 먼저 눈독을 들인 것 역시 수산업이었다. 당시 남해안 어장은 황금을 낳는 보고였는데, 부산항은 남해와 동해가 만나는 지점에 위치하여 각종 생선과 건어물의 집산지가 되었다. 특히 경부선 개통 이후에는 뱃길뿐만 아니라 철도를 이용한 수산물 운송이 증가하여 1937년 중·일전쟁 전후 부산의 생선들이 만주로 운송되기도 했다.

수산물을 많이 취급했던 부산항은 일제강점기 때부터 어묵 생산에서 두각을 나타냈다. 1931년 전후 부산항에는 대략 15개 정도의 어묵 공장이 운영되었다. 이들 어묵은 멀리 인천과 함흥에서 유통될 정도로 품질과 맛이 뛰어났다. 현재 전국 어묵 생산에서 독보적인 지위에 있는 부산어묵의 명성은 결코 하루아침에 생겨난 것이 아니었다. 일제강점기 당시 부산항은 수입 소금을 재가공한 재제염 생산에서도 인천과 함께 두각을 나타냈다. 재제염공장은 영도에 밀집해 있었는데, 재제염을 생산하는데 필요한 주물 솥과 관련해서 영도에 주물공장이 많았기 때문이다.

일제강점기에 자리 잡았던 부산항의 수산업 명성은 지금까지 계속되고 있다. 현재 연해에서 잡힌 고등어의 90% 이상이 부산항에 채집되어 전국으로 유통되는데, 부산의 시어(市魚)이자 한국인의 대표적 생선인 고등어는 부산어시장 어판량의 80%를 차지하고 있다. 1960~1980년대 큰 고등어들이 많이 잡힐 때 부산 시내와 대학가 앞은 맛있는 고갈비집들로 문전성시를 이뤘다. 짭조름한 양념장에 찍은, 갓 구워낸 고갈비는 한때 부산을 대표하는 음식이기도 했다. 부산으로 유학 온 대학생 중에는 부산 출신 동기생들이 '고갈비집에 가서 한잔하자!' 했을 때 진짜 갈비집에 가는 줄 알고 당황하는 경우도 더러 있었다. 이제는 다 옛날이야기가 되고 말았다.

바다에서 잡힌 생선은 소비자의 밥상에 오르기까지 여러 유통과정을 거친다. 생선의 유통과정에서 제일 중요한 역할을 하는 곳이 바로 부산공동어시장이다. 부산공동어시장은 전국 수산물 위판의 약 30%를 책임지는데 태풍과 명절을 제외하고 매일 이곳에서는 새벽 5시 무렵부터 경매가 시작된다. 경매는 경매사의 '~어, ~이'하는 흥얼대는 듯한 목소리와 중매인의 분주한 수지상향식 손놀림에 의해 이뤄진다. 흥분과 긴장의 연속인 경매 현장은 부산공동어시장의 대표적 볼거리이다.

부산공동어시장에서 경매사와 중매인 못지않게 기억해야 할 것이 생선을 크기에 따라 선별하고 배열하는 어시장 아지매들의 노고이다. 어선이 잡아 온 생선을 어시장 넓은 바닥에 풀어놓으면 어시장 아지매들이 밤 10시부터 새벽 경매 시작 전까지 꼬박 8시간 동안 쪼그려 앉은 채 어시장 바닥의 생선을 분류하는 것이다. 생선은 신선도가 생명이기 때문에 아지매들의 생선 분류 작업은 새벽 1시 무렵 잠깐의 새참 시간을 제외하고 허리를 펴 볼 틈도 없이 밤새 강행된다. 생선량이 많을 때는 새참마저 거르거나 혹은 걸어 다니면서 먹어야 할 정도로 어시장 아지매들의 작업은 힘든 편이다. 예전에는 1,200여 명에 이르렀던 아지매들은 어획량의 감소와 아지매들의 고령화에 의해 500여 명으로 감소했다. 부산어시장 인력 부족 문제를 해결하기 위해 고등어 자동선별기를 올해 안에 설치할 계획이다. 부산항이 국내 최대의 수산물 집산지가 되는데 어시장 아지매들의 숨은 공로를 기억해야 할 것이다.

부산은 연근해 어업뿐만 아니라 원양어업의 전진기지이기도 했다. 우리나라의 원양어업은 1957년 6월 29일, 230톤급의 소형 원양어선 1호 지남호(指南號)가 한 번도 실물을 본 적이 없는 참치를 잡기 위해 제1부두를 출항하면서 시작되었다. 이후 부산항 중심의 원양어업은 1960~1970년대 남태평양의 사모와, 유럽의 북해, 북미 베링해, 아프리카 라스팔마스 등에 진출하며 최전성기를 누렸다. 경공업제품이 수출의 주종을 이뤘던 시기에 원양어업으로 벌어들인 외화는 오늘날 자동차를 수출해서 버는 외화에 버금갔다. 그만큼 산업화 시기의 원양어업은 부산경제뿐만 아니라 한국경제에 크게 기여했다. 이제는 누구나 참치통조림을 마음껏 먹을 수 있는 것도 원양어업을 개척한 선원들의 땀과 노력이 있었기에 가능했다. 현재 부산의 연근해어업과 원양어업은 과거 성황을 누릴 때와 비교할 바는 못 된다. 하지만 감천항과 남항을 중심으로 이루지는 원양어업과 연근해어업은 여전히 부산경제에서 중요한 위치를 차지하고 있다.

우리나라 근로자의 해외 진출은 1963년 12월 광부와 간호사들이 독일로 파견된 것이 시초였다. 선원의 해외 송출, 즉 송출선원 또한 1964년 2월부터 시작되었다. 송출선원은 외국 배에 승선하여 온갖 차별과 역경을 견디고 오대양 육대주를 누비며 외화벌이에 앞장섰다. 1965~1975년 독일파견 근로자들과 송출선원들의 외화획득을 비교하면 송출선원들의 외화벌이가 더 많았다. 모든 것이 선진국에 뒤떨어져 있던 시절, 송출선원들은 외국 선사에 취업해서 어로기술 및 선박운항과 관련한 선진 기법들을 배웠다. 송출선원들의 이러한 땀과 노력 덕택에 오늘날 우리나라는 세계 13위의 수산국이자 세계 5위의 해운국으로 발돋움할 수 있었다.

최근 정부 차원에서 당시의 파독 광부와 간호사들에 대한 재조명이 활발하게 이루어지고 있다. 이것에 비하면 송출선원들의 재평가는 턱없이 부족하다. 부산시민의 관심과 관계 기관의 노력이 뒤따라야 할 것이다. 포르투칼 리스본의 발견기념비까지는 아니더라도 송출선원 및 해양과 관련된 사람들의 진취적인 기상을 재현할 수 있는 아름다운 조형물을 북항재개발구역에 세우는 것도 좋을 듯싶다.

부산항은 바다를 끼고 정상적으로 살아가는 사람들만의 공간은 아니다. 예나 지금이나 바다에서는 여러 가지 불법이 자행된다. 그중에서 과거 부산항을 대표했던 불법 행위로 꼽는다면 단연코 밀수였다. 해방 이후 1980년대 중반까지 한일 간의 경제 격차가 컸을 때 일본에서 들어오는 밀수는 성행할 수밖에 없었다. 해방 이후 부산항을 이용한 밀수는 크게 세 가지 유형으로 나눌 수 있다. 첫 번째는 선원에 의한 해상 밀수, 두 번째는 페리호를 통한 재일교포 보따리상들의 물품 반입, 세 번째는 합법을 가장한 수출입 화물의 밀수였다.

이들 가운데 1950년대 중반부터 1969년까지 부산항을 중심으로 남해안 일대에서 할거했던 것이 해상 밀수였다. 해상 밀수는 쓰시마의 이즈하라항(嚴原港)을 근거지로 고속 엔진을 장착한 밀수선을 많이 이용했기 때문에 대마도 특공대 밀수 또는 이즈하라 특공대 밀수로 불렸다. 해상 밀수가 극성을 부렸을 때 영도 아치섬은 밀수꾼들의 중간 기착지로 이용되기도 했다. 해상밀수품은 일제 화장품에서 고가의 전자 제품에 이르기까지 다양했다. 부산항으로 유입된 밀수품은 국제시장과 부평동 깡통시장을 통해 전국으로 팔려나갔는데, 한때 부산경제를 밀수경제라고 했을 정도로 성행했던 적도 있었다.

밀수의 두 번째 유형에 해당하는 재일교포 보따리상들에 의한 물품 반입은 1970년 6월 부산과 시모노세키를 오가는 페리호 운항과 함께 시작되었다. 아침 일찍 부산항에 도착한 보따리상들은 중앙동, 부평동, 영주동 일대 여관에서 지배인과 거래를 하고 저녁 무렵 출항해야 했는데, 이들이 반입한 생활품, 식료품, 워크맨과 같은 전자제품들은 국내 생산품의 품질을 향상하는 자극제가 되기도 했다. 그러나 1988년부터 일본 비자를 받은 한국인 보따리상의 출현과 한일 간 경제 수준 격차의 감소로 30년 가까이 볼 수 있었던 페리호를 이용한 보따리상의 모습도 역사의 뒤안길로 사라졌다. 합법을 가장한 밀수는 지금도 간혹 중국산 농산물 밀반입 사건을 통해 확인할 수 있다. 영화 〈범죄와의 전쟁〉에서 주인공이 밀수품의 밀반입을 방조한 장면은 많은 여운을 남겼다. 우리나라의 경제성장에 따라 국내 생산품의 품질이 세계적 수준으로 바뀌면서 부산항에서 성행했던 밀수 또한 이제 영화에서나 볼 수 있는 이야기가 되었다.

부산항의 안전을 담당하는 사람으로 부산해양경찰이 있다. 부산해경은 밀수꾼 단속은 물론이고 해양영토 수호와 대간첩작전 등 해상에서 일어나는 모든 사건을 책임진다. 한 해 국내와 외항선에서 발생하는 해양사고는 천여 건에 이른다. 이 중 20% 넘는 사건을 부산해경이 담당한다. 1990년대 중반 이후 외국선원에 대한 차별, 인신매매에 의한 선원 충원, 선상에서 발생하는 살인사건 등이 늘어남에 따라 부산해경의 역할 또한 증대했다. 바다의 파수꾼인 부산해경의 활약은 향후 수출입 물량의 증가와 해양레저 인구의 급증에 의해 더 늘어날 것으로 보인다.

부산항 입출 선박의 안전을 책임지는 사람 중에는 도선사들도 있다. 도선사는 항만을 출입하는 선박에 승선하여 선박이 신속하게 접안 및 이안을 할 수 있도록 하는 사람을 말한다. 한국인 최초의 도선사는 1937년 5월 배출되었는데, 일제강점기 도선사는 일본인들이 독점했다. 해방이 되면서 우리나라 스스로 선박의 도선 문제를 해결해야 했다. 부산항에서는 1948년 9월 부산항도선사협회가 설립되면서 새롭게 출발했다. 2016년 621개 직업에 대한 직업만족도 조사에서 1위는

판사, 2위는 도선사였다. 이처럼 도선사는 누구나 선호하지만 아무나 할 수 있는 일은 아니다. 도선법에 따라 6천 톤 이상의 선박에서 3년 이상의 승선 경력이 있어야 하고, 그 외 까다로운 조건을 갖추어야 자격을 취득할 수 있다.

도선사는 항만의 조류와 풍랑, 수심과 선박의 통행량을 일일이 계산해서 선박을 운항하는 고도의 전문직으로 자긍심과 함께 책임감 또한 막중하다고 할 것이다. 최근 수에즈운하에서 발생한 대형선박 사고에서 보듯이 도선사의 작은 실수는 운하뿐만 아니라 항만의 기능을 송두리째 마비시키기 때문이다. 도선사의 선박 운항은 예인선에서부터 항공모함에 이르기까지 다양하다. 예를 들어 감천항에 입항하는 500톤 이상의 러시아 어선들도 모두 도선사들에 의해 이루어진다.

특히 몇십만 톤의 큰 컨테이너선의 경우 옆면이 바람의 영향을 많이 받기 때문에 대형 선박의 경우 여간 신경이 쓰이지 않는다. 하지만 부산항의 도선사들은 아무리 큰 선박이라도 배의 미세한 움직임을 온몸으로 감지해서 거뜬히 부두에 접안하고 이안시킬 수 있다. 현재 부산항에는 53명의 도선사가 24시간 북항과 남항, 감천항과 부산신항 등에서 활동하고 있다. 이들의 숨은 공로가 있었기에 부산항은 세계적 항구로 역할을 할 수 있다.

한국의 마추픽추로 불리는 부산의 산복도로는 부산항의 매축과 항만시설의 확충에 따른 해안선과 도심의 변화를 오롯이 지켜봐 왔다. 이뿐만 아니라 산복도로는 부두하역노동자, 어시장아지매와 깡깡이마을 아지매들, 그 외 어업에 종사한 많은 사람에게 안식처가 되어 주었다. 특히 오랜 기간 외항선을 탔던 외항선원들이 밤에 부산항으로 입항할 때 산복도로의 불빛은 부산의 비경으로 기억되고 있다. 최근 북항재개발로 인해 충장대로 일대에 고층 건물들이 생겨나면서 산복도로의 부산항 조망권 문제와 함께 그동안 북항에 입항하는 선박의 길잡이가 되었던 수정동 산마루의 도등(Leading Light) 불빛 역시 가려지는 상황에 처했다.

이러한 결과들은 기본적으로 부산이 항구도시이자 바다에 기대어 많은 사람이 살았던 삶의 터전이었다는 점을 망각한 데서 기인한다. 부산항의 미래를 설계하는 북항재개발은 부산항의 과거와 현재의 낡음을 가리고 미래의 새로움만 채운다고 이루어지는 것은 결코 아닐 것이다. 과거로부터 현재까지 부산항을 일구어 온 해민(海民)들의 짙은 삶의 흔적을 우리 모두가 기억하고 또 누구나 도심에서 그 흔적들을 쉽게 발견할 수 있을 때, 부산항은 진정 세계적 해양문화도시로서 거듭날 수 있을 것이다.

1. 부산항에 뿌리내리다

부두에서 시작된 청춘
오지은

부산을 들어 올린 거대한 손
김정화

수만 톤의 큰 배와 한 몸이 되는 순간 환희를 느낍니다
김수우

사람과 사람 사이를 연결하는 수상택시
김병용

영도 수리조선소와 인간의 애환
서경원

디자이너

소통하는 디자이너가 되고 싶다.
다양한 사람들과 다양한 시각으로
상식적인 세상을 설계하고자 한다.

부두에서
시작된 청춘

"아! 참 옛날 일이지… 요즘처럼 발전한 부산항만을 어찌 상상이나 했겠나…

부두에서 일을 시작한 건 한 70여 년 된 것 같네. 10대 후반부터 일을 시작했으니까. 지금 세관 옆 여객터미널 자리에 여객 상선이 오갔고, 지금은 무엇이 들어서 있는지 모르겠는데, 예전 초량45번지 앞이 그때는 부두였지. 하역회사 동료들이나 노무자들 생각하면 예전이니까 그렇게들 일하고 살았지. 요즘 사람들은 엄두도 못내지."

"어쩌다 부두에서 일을 하시게 되셨어요"

일제강점기에 태어났고 한국전쟁[1]을 거치면서 부두에서 일을 시작해서 청춘을 거의 보냈다는 한 아버님을 만나 오랫동안 잊고 있었던 일

---

1) '6·25전쟁', '6·25사변' 등 다양한 단어가 있지만 '한국전쟁'으로 통일해서 표기하였다. 구술자가 사용한 단어는 그대로 사용했다.

이라 하시며 담담하게 풀어 놓는 지난 이야기들을 들었다.

해방, 전쟁, 그리고 시작

"나는 소화 10년도(1935년)에 일본에서 태어났어. 거기서 국민학교에 다니다 해방되기 바로 직전에 관부선을 타고 아버지랑 한국으로 귀국했어. 그때만 해도 태평양전쟁 중이었으니까 배를 타고 오는 도중에 폭탄이 날아왔는데, 얼마나 무섭던지. 다행히도 무사히 고향집에 잘 도착했어. 거기 학교에 다니다 집이 너무 어려워져서 부산으로 내려왔지. 그때는 6·25전쟁이 끝나고 얼마 되지 않았을 때야.

우여곡절 끝에 예전 초량 철도 공작창(현 초량 YWCA 일대) 부근에 있던 고모할아버지 댁에 도착했어. 그 댁에 아들이 셋 있었는데 말하자면 나에게는 아제들이지. 모두 교육 수준이 높았어. 사실 우리 세대가 교육 혜택을 제일 못 받았지. 국민학교 다닐 때는 해방이 됐고, 중학교 때는 6·25전쟁이 일어났지. 오히려 우리 앞세대는 교육받을 수 있는 기회가 우리보다 나았어.

아제들이 대학을 졸업한 후 사업을 시작했는데 잘 나갔어. 아제 중에 큰 아제랑 둘째 아제가 함께 회사를 설립했는데 둘째 아제가 사장이었어. 내가 아제들과 함께 거기 살면서 이것저것 배우며 아제 회사에 들어가게 되었지. 그게 '상지운수주식회사(가명)'라는 하역회사였어.

큰 아제가 사장이 될 수 없었던 건 아마 병 때문이지 싶어. 불행하게도 암에 걸렸었거든. 요즘에는 의술도 발달하고 좋은 약도 많아서 고통이 덜했겠지마는 그때는 암으로 인한 통증을 오롯이 온몸으로 감당했으니 얼마나 고통이 심했겠어. 그러다 결국 목매어 자살했지. 내가 힘들었을 때 의지를 참 많이 했던 분이었는데.”

“상지운수가 그 당시 작은 회사는 아니었지. 회사 소속 배만 40~50척에 지게차 70대로 시작했다가 나중엔 100여 대까지 늘어났으니까. 감만동 군수물자 전용부두로 탱크, 크레인, 지게차 같은 물자들이 많이 들어왔는데 수량 착오로 남는 크레인, 지게차들을 싸게 구입했었어. 우리가 주로 군수물자 하역을 담당했으니 가능했겠지. 크레인이나 지게차 같은 물자도 수량 착오가 생길 수 있는 일이지. 컴퓨터가 아닌 사람들이 수기한 일인데.”

“하역이라는 업무 범위가 워낙 넓어서, 얽힌 기관들이 많아. 그러니 회사 내에 선박회사, 세관, 노동 섭외, 운송, 해운국 담당 부서들이 있었고, 그 직원들이랑 선원, 운전수 등을 포함하면 대략 합쳐서 200~300여 명 정도 되었던 거 같네. 하역회사의 특성상 요즈음 말하는 정규직이라는 월급쟁이는 몇 명 없었지.

내가 주로 함께 일한 사람들은 직원이 아니라 노무자들이야. 이 사람들과 함께 하는 시간이 대부분이었으니까. 화물 종류와 양에 따라 하역 일이 달라지고 할당량도 달라지기 때문에 그때그때 필요한 일꾼들을 구했어. 일상적으로 부두에서 일하는 일꾼들이 있는데 보통 10여 명씩 한 조를 만들어서 활동해. 이들을 모집하는 사람을 반장이라 불렀어. 반장들은 우리 회사 게시판에 적힌 선박들의 입출항 예정 날짜, 선적물품, 선적량 등의 정보를 매일 확인하러 왔다고. 회사 내에 구인을 담당하던 노동섭외과 직원들과도 친했고. 동료나 마찬가지였어. 회사 사람들이 반장들을 작업계장이라고도 불렀으니까. 작업 시작 전에 반장들을 모아서 그날 할 일을 전달하면 각자의 조원들이 움직였어. 나랑 함께 하루의 일을 시작하는 거지. 그 사람들 작업량도 체크하면서.

요즘은 노동자라 하지만 그때는 노무자라 했는데, 일당을 받으면서 일을 하는 사람들이 있었고, 돈내기라고 배에서 운송해야 하는 물건이나 물품들을 하역할 때 중량을 달아서 수당을 받는 사람들이 있었어. 요새는 이런 말 안 쓰나?"

"항구에 배들이 내항이나 외항에 정박하게 되는데 주로 해외에서 들어온 만 톤급 배들은 외항에 정박해. 앞에서 말했지만 우리 회사는 대부분 해외에서 들어오는 군수물자와 화물들을 취급했으니까 거의 외항으로 나갔다고.

배가 입항했다는 소식을 들으면 나는 하역할 물품 목록을 체크해서 노무자들과 함께 외항에 정박해 있는 배로 이동을 했어. 배에 승선하기 전에 확인 절차를 밟고, 배 안의 화물이 있는 홀(Hall)로 들어가면 여러 하역회사의 담당 관리자들도 만나지. 나는 우리 회사 고객 화물 목록을 대조 확인하고, 물량을 체크해서 노무자들과 운반할 준비를 해. 일차적으로 목선이나 철선, 그리고 그 당시에는 스틸빠지(Steel Barge)라고 했는데 우리말로는 '부선'이라고 납작하게 생긴 50, 100, 200톤짜리 배

1968년 남해안지방에서 배로 운반해 온 쌀가마니를 어깨에 메고 하역하는 부산 영도 봉래동 해안의 부두 노무자들

가 있어. 노무자들을 시켜서 여기에 선적물을 옮기고, 그걸 낭시(난치)[2]라는 유인선이 부선을 이끌고 부두로 들어오면 육지에 대기시켰던 노무자들이 짐을 육지로 하적을 하지. 그런 후에 자동차, 기차, 배 같은 운송 수단에 균형을 잘 맞춰서 안전하게 적재하고 회사나 공장으로 보내. 이게 내가 관여하는 하역의 전반적인 프로세스였어."

"수입품들 중에 무역품들도 있었지만 미국에서 보세물이나 원조물이 많이 들어왔어. 특히 원조 의류가 들어오면 모두 영도로 보냈지. 보세창고가 대부분 거기 있었으니까. 세관 업무 담당자가 세관에 신고를 하면 세관 감시과에서 나와서 밀수품인지 정식 수입 품목인지 확인을 하고, 서류가 통과해 창고 사용허가가 나면 지정받은 보세창고나 일반 창고에 짐을 풀어 입고시켰지. 영도로 보내는 원조물 중에는 뉴-크로시, 뉴-즈드크로시(Used Clothes)라고 새 옷과 구제 옷들이 어마어마하게 많이 들어왔어. 그리고 서양 여성들이 입던 원피스, 스미즈, 양말, 그 외 생전 처음 보는 갖가지 스타일의 패션들이 들어 왔었어. 그 옷들은 주로 교회나 고아원, 어려운 단체에 많이 배급했는데 그 단체에서 돈이 필요하면 국제시장에 팔기도 했던 것 같아. 옷만 배급한 게 아니고 드라이 밀크, 약 등 여러 가지를 보냈어. 가끔 마누라한테도 갖다줬는데 처음에 얼마나 좋아했던지."

숨을 크게 들이쉬고 잠시 웃으셨다.

---

2) '난치'는 부선의 유인선을 지칭하며 통선의 한 종류를 말한다.

하역관리라는 일

"하역관리자로서 가장 힘든 일 중 하나는 업무량이 너무 많았던 거였어. 새벽녘에 집에서 나와 밤늦게 퇴근하니 집에서 밥을 한 번도 제대로 먹은 기억이 없어. 잠을 2시간 정도 자고, 밥도 세 끼를 챙겨 먹지 못했다고. 12시간씩 교대로 일했지만 맡은 일이 점점 방대해져서 밤낮으로 일해야 했어. 일을 제대로 하기 위해 개인적으로 배워야 하는 것도 많았으니 힘들 수밖에."

화물을 운반하는 노무자들을 직접 관리감독하는 하역작업

무거운 화물을 목도로 옮기는 작업을 지휘하는 목도작업

"회사에서 하역을 처음 배당받았을 때 우선적으로 배를 담당하는 에이전시와 내가 물품 목록을 비교하는 작업을 하는데 모두 다 외국어로 표기되어 있지, 화물의 종류도 많지, 홀 내에 산더미 같이 쌓여 있는 화물 중에서 우리 회사가 위탁받은 물품들을 찾아내야지, 미치겠더라고. 그 이후로 틈틈이 외국어 공부를 했지."

하역이 화물을 운반하는 단순한 직업이라는 사람들에게 하고 싶은 말들이 많으신 것 같다.

"화물들을 입출고시킬 때 말이야. 우쩬 줄 아나? 보세창고나 일반창고 입구에 창고 담당 직원이 서 있어. 물품에 따라 다르지만 입고나 출고 시에 수량을 정확히 카운트하기 위해 단위별 수량을 정해, 말하자면 물건 100개에 바통 하나씩 직원에게 주면서 입고를 시켰어. 바통은 우리도 하나씩 가지고 있고. 그런데 직원이 담배를 피우거나 화장실을 갔다 왔다 한 번이라도 놓치제? 쫓겨나는 거야. 정산을 하역회사 관리자랑 창고 담당 직원이 같이 계산하는데 바통 수가 서로 하나라도 맞지 않으면 틀린 쪽에서 손해 배상을 해야만 했거든. 옷 같은 종류는 개수로 세니까 정산이 그나마 쉬웠지. 얼마나 엉성한 일이고. 지금 생각하면."

"운반할 때도 운반단위를 결정해야만 했다고. 단위는 물품에 따라서도 다르지만 노무자들의 시간이나 힘, 인원수로 결정했어. 개인이나 조별로 노동자들이 짐을 질 수 있는 한계 수량이나 용량이 있을 거 아이가. 관리자로서 최대한 빠른 시간 내 효율적으로 운송 가능한 단위를 결정하고 이용했어. 아까 말했지만 돈내기 같은 경우에는 덩치가 비슷한 사람들끼리 조를 짜서 목도로 운반할 수 있는 무게를 단위로 결정하고 왕래를 할 때마다 그 단위로 카운트했어.”

　“하역의 대부분이 노무자들의 육체노동에 의존해야 하는 일들이라 노무자들의 한계와 요구에 맞춰야지, 회사의 요구에 맞출 수 없지.
　예전에 봤는지 모르겠지만 목도는 한 명씩 나르기에 무거운 짐을 최소 2명에서 최대 8명이 한 통나무를 목에 지고 사람과 사람 사이에 짐을 매달아서 옮기는 방법이야. 일이 얼마나 힘들었는지 목에 굳은살이 두텁게 박혀서 소 등처럼 나왔어. 기형으로 보일 정도였다고. 이 사람들이 옮기는 물량은 대략 한 조가 한 번에 200~400kg씩 운반을 했어. 조원들끼리는 덩치가 비슷하고 발이 맞아야 일하기 수월하니까 소리나 노래를 부르면서 발 움직임을 맞춰 일하는 기라. 멀리서 보면 율동하는 것처럼 보이기도 하지만 얼마나 힘든데. 한 사람이라도 스텝이 꼬이봐. 몽땅 같이 넘어지거나 바다에 빠지기도 하지. 돈내기로 일하는 사람들도 마찬가지야.
　일이 고되다 싶으면 반장이 얼른 가서 막걸리 한 말을 안주랑 가져와. 그걸 통째로 들이키면서 그 일들을 해냈어. 점심도 주로 반장들이 준비하는데 벤또(도시락)나 주변 식당에 밥을 주문해서 가져오기도 하고, 돈 아낀다고 밥이랑 국, 반찬들을 집에서 만들어서 가져왔다고. 어쩔 때는 큰 바게추(양동이)에 국수를 직접 삶아 와서 사람들에게 노나줬어.”

　“배에서 육지로 짐을 나를 때는 배와 육지 사이에 아시바, 말하자면 긴 나무를 놓아서 그 위를 밟고 노무자들이 오가도록 준비해야 한다고. 아시바가 탄력이 있어야 노무자들이 조금이라도 편하니까 적합한 두께의 탄성이 있는 나무를 이용하지. 만약에 아시바가 부러지거나 문제가 생겨서 노무자들이 다치면 그것도 내 책임이 될 수 있는 일이거든."

"노무자들이 사고가 나면 회사에서 아마 위로금 차원에서 도의적으로 지급했을 거야. 일용직이었으니까 도의적 보상금이 얼마나 됐겠나."

석탄 운반

"석탄을 운반하고 수송하는 날은 얼마나 힘들었는지. 주로 호주나 일본에서 석탄, 무연탄이 수입됐는데 석탄, 무연탄, 세멘, 석고 같은 것들은 포대에 넣어서 들어오는 것들이 아니기 때문에 가루를 퍼 담아 날라야 했어.

노무자들이 들어가면 분업을 해서 작업을 해. 어떤 이는 마대에 삽으로 석탄을 퍼 담고, 어떤 이는 배에 있는 기중기 링에 마대를 달아매서 부선으로 넘겨. 부선에 옮긴 석탄은 적기 가는 동천강변 부두로 보내. 거기에 대한석탄공사가 있었거든. 수송이 편하도록 부두와 가까운 곳에 있었어. 그러면 가대기를 얹은 지게를 지고 노무자들이 기다리고 있다가 석탄을 대한석탄공사 마당 야적장까지 운반해서 하적을 했어."

깊은 숨소리가 전화기로 들렸다.

"생각해 봐. 배 안에서 장정들이 석탄을 삽으로 퍼 담는데 그 양이 톤 단위면, 육체 노동량을 엄청 필요로 하는 거지. 거기다 삽으로 마대에 퍼 담을 때 가루가 날리고 움직이면 움직이는 대로 가루가 얼굴에 묻으니 숨쉬기가 힘들었어. 나는 나대로 석탄 운반량이랑 작업자들 운반량, 적재 과정들을 감시하면서 여러 가지 지시를 해야 하니까 말을 할 때마다 가루가 입으로 들어가. 나중에는 가루가 씹히는 거야. 운반할 때는 또 어떻고. 부두에 바람이 많이 부니까 석탄이 날려서 작업하는 사람들은 눈, 이만 하얗고 이래저래 모두 새까맣게 됐지. 그러니 가루가 눈, 코, 입으로 얼마나 들어갔겠어. 세멘도 그렇고 석고 가루도. 아이고!

퇴근할 때는 석탄공사 옆에 있던 샤워실에서 샤워를 하고 집으로 갔지. 요즘은 세상이 좋아져서 엘리베이터를 이용해 배에 승선하고 석탄 가루는 파이프를 대서 바람으로 빨아들여 운송한지만 지금에 비하면 예전에는 미개인 수준이었던 거지."

"마스크가 어딨노. 입을 가리는 것도 못한다고. 삽질이 얼마나 힘든 줄 아나, 이 사람아. 배 안에서 삽질은 더 힘들지. 땀이랑 석탄이 범벅이 돼서 헉헉거리며 작업을 했는데 마스크를 우째하며 입을 어떻게 가려. 택도 없지. 관리감독인 나도 소리를 지르다시피 말을 해야 하는데 마스크를 하면 전달도 안 되고 더 힘들지. 그냥 가루를 날로 삼키면서 작업을 했었지. 침을 뱉으면 새까맣게 나왔어.

맞아. 지금 살아 있는 게 기적이지."

"지방으로 석탄을 보내는 경우에는 운송 수단에 바로 실어서 보내야 하기 때문에 화물량을 기록해서 적재를 한다고. 하얀 눈동자만 보이는 노무자들이 쭉 줄을 서서 한 사람씩 석탄을 지고 저울 위를 한 발로 짚었다 지나가면 나는 무게를 후딱 캐치해서 부르고 동료는 옆에서 기록했어. 그게 2, 3초. 순간이야. 요새 도로에 추럭(트럭) 하적량 체크하는 곳 있제? 추럭이 스무스하게 땅 위를 지나가면 무게가 자동 기록되는 거와 비슷하다고 보면 되지."

"그게 내 노하우야. 추가 달려있는 수동 저울이라도 찰나에 짐꾼의 무게를 정확하게 재는 거. 손과 눈이 매구같이 움직여서 최대한 정확하게 재야했으니까. 베테랑 아니면 하지도 못해. 그런데도 얼마나 정확하게 잰 줄 아나?"

한바탕 웃음이 지나갔다.

"이런 날에는 너 나 할 것 없이 돼지국밥을 먹으러 갔지, 목에 쌓인 나쁜 것들을 돼지기름으로 씻어낸다고. 그 국밥집들이 많이 모여 있었던 곳이 초량동 45번지야. 그래서 유명한 돼지국밥집들이 거기 많았어.

거기 집들이 하꼬방같이 따닥따닥 붙어 있었는데 빈민촌 같은 데야. 도둑도, 깡패도 많고 사건사고들이 많았던 곳. 같이 일하던 노무자들도 많이 살았는데 그중에 간혹 고등교육을 받은 사람, 부유하고 집안이 좋았던 사람도 있었어. 고향을 떠나 피난 와서 일자리가 필요하니까 막노동을 했던 순한 사람들이 있었는데 험하게 욕도 하고 그 사람들을 거칠게 다룬 하역회사 사람들도 많았지.”

"부두에도 수입품이 많다 보니 도적들이 얼마나 많았다고. 지상에 야적시킬 때는 단디 도리 안 해두면 막 훔쳐 갔어. 배에 실린 물건들은 우짜고. 부선에 물건이 실린 채 부두에서 하룻밤을 지새울 경우가 있는데 이럴 땐 초비상 상태로 경비를 세워 둬. 왜냐하면 엔진이 없기 때문에 그냥 배를 끌고 가는 거야. 물건만 훔쳐 가는 경우는 더 많았지.

심지어 내 바로 앞에서 노무자끼리 싸우다가 삽으로 사람을 때려 쳐 죽이는 일도 있었는데 온몸에 피가 튀어도 꼼짝을 못 했어, 겁이 나서. 얼마나 긴 세월을 떨면서 힘들어했는지.

지역갈등으로 서로 공격하고 험한 일까지 일어났어. 깡패들까지 합세해서 패싸움이 나면 더 살벌했지. 다 우째 일일이 말로 표현하겠노.”

스테이트 마린 라인 사고

"미국에서 들어오는 선박 중에 지금도 기억나는 거는 '스테이트 마린 라인(State Marine Line)'이라는 배야. 그 배가 암초에 걸렸던 적이 있었어. 원래 이런 배들이 항만에 들어오면 해운국에 먼저 의뢰를 해. 그러면 유인선이 나가서 그 배를 항구로 안내하는 거야. 그런데 이 배가

코티스테이트호 사고 당시 캔들을 닦고 정리하는 여성들

신고 없이 들어오다 암초에 걸려서 배에 구멍이 나버렸어.[3] 이 배가 만
톤급이라 높이가 주택 5층 정도인데 화물이 꽉 찼었다고. 근데 기름 탱
크에 구멍이 나버렸으니 바다는 바다대로, 배 안은 안대로 새서 그 많
은 화물이 거의 젖어버렸지."[4]

3) 부산항의 미화물선 페시릭페이스트소속 캘리포니아비어호 좌초, 1961.8.17.네이버아카이브 조선일보
4) 서전선박의 자판호와 스테이트 마린 소속 코티스테이트 충돌,1963.5.13.네이버아카이브 조선일보

"스테이트 마린 라인은 미국에서 원조물과 무역품들을 싣고 오는 상선이야. 상선은 온갖 다양한 수입품들을 가져오는데 사고 당시에는 원조물인 드라이 밀크랑 콘밀이 실려 왔었어. 드라이 밀크는 아나? 하얀 우윳가루인데 그때는 생우유가 없다시피 했으니 미국에서 우유가루를 보내줘서 특히 어린애들 있는 집은 좋았지.

선적물의 유실과 손실을 최소한으로 하는 게 우리의 급선무였어. 노무자들과 함께 사고 선박이 있던 외항으로 갔지. 시커멓고 끈적끈적한 선박유가 묻은 깡통들을 건져서 올리니까 모두 기름 범벅이 됐어. 다행히 화물들이 몽땅 캔에 포장돼 있어서 최대한 건질 수 있을 만큼 건져 내고 육지로 옮겼지.

나뿐만 아니라 다른 사람들도 집고 있던 옷은 다 버렸고 몸은 휘발유로 문질러 씻었는데 한 번 만에 안 씻기니까 몇 번을 문질러 씻었는지. 캔도 휘발유나 기름 빼는 약들로 여러 번을 닦아야만 했어."

"가끔 돌발 상황으로 사람들이 필요할 때 반장들이 해결했어. 문현 로타리에서 적기 들어가는 길 오른쪽으로 현재 엄청나게 높은 아파트 지어 났제? 거기 조금 지나 우회전하면 보이는 게 바로 야적장이었어. 거 다 깡통을 풀어 넣고 며칠을 고생했는지! 40~50대 여자들 백여 명이 그 일들을 다해냈어. 그때 당시에는 장관이었다고. 하루 이틀에 끝나는 일이 아니니까 일하는 중간에 반장들이 뻰또(도시락)하고 야식들 배식해가며 작업을 했지."

커다란 숨소리가 들렸고, 잠깐의 침묵이 흘렀다.

"설탕을 실은 배가 들어오면 또 다른 문제가 있었다고. 원산지에서 설탕을 보낼 때는 포대에 포장을 해서 보내지만 도착하기까지 한 달 정도 걸리니까 포대가 터진 경우가 많은 거야. 그러면 가루를 하역해야 하는데 앞에서 이야기한 것처럼 상선의 홀(Hall)로 들어가면 물품들을 다 실어낼 때까지 나오는 게 힘들어. 일이 끝날 때까지는 갇힌다고 봐야지. 문제는 홀 안에 화장실이 없다는 거야. 그러면 배뇨를 우째 처리했겠노. 참다 참다 구석에서 해결했지. 따뜻한 물이 닿으면 설탕이 녹잖아. 녹으면 덩어리가 되잖아. 아. 이건 책에 쓰면 안 되겠네."

부두에서의 청춘

"당시에는 낭만 같은 것은 사치지. 일만 해도 힘들었는데. 굳이 찾아보자면 바다와 함께였다는 거. 외항으로 나가는 날은 며칠씩 상선에서 지내야만 했으니까 아주 가끔 틈이 나면 동료들끼리 타고 나갔던 회사 배에서 술도 마시고, 마작도 하고, 모자란 잠도 보충하고, 때로는 바다를 향해 넋두리도 하고. 지금 되돌아보니 짧았지만 황금 같은 시간이었네."

"부두 밖에서는 쉰다고 해봐야 다방이나 술집, 당구장에 간 게 전부야. 당시 부두 근처 세관에서 부산대교 방면으로 당시 벌판이었는데 양철 둥근 콘센트(임시 군용막사)들이 생기더니 당구장, 술집, 다방, 음식점들이 들어섰어. 그 근처(부산 항만공사 자리 옆) 바다에는 미군들이 많이 가는 '유엔카바레'라는 해상클럽도 있었고. 그때 제일다방이 유명했었는데. 사무실도 거기라 잠깐 여가가 생기면 다방에도 가고, 사람도 만나고 일도 하고 차도 마시고......"

"오늘은 말을 많이 했네. 이쯤에서 그만할까. 피곤하네."

전화가 끊겼다.

해방과 한국전쟁을 거치며, 살아내야 한다는 것을 숨 쉬듯 체득한 어린 시절을 지나, 살아남은 자의 운명으로 남아 있는 삶과의 전쟁을 부두에서 시작한 청춘.

이토록 치열하게 살아온 이야기들을 그 시대의 사람들 모두 그렇게 살았을 거라며, 60여 년이 지난 오늘에야 담담하게 풀어 놓은 당신의 이야기를 가슴에 담고 지금껏 스치며 지나가던 부두에 멈춰 섰다.

부산의 부두에는 여전히 거친 바람이 분다.

K스토리연구소 대표

이야기를 듣고 기록하고 엮으면서 인생을 배운다.
세상과 소통하는 따뜻한 이야기를 만나기 위해
오늘도 뚜벅뚜벅 길을 나선다.

부산을 들어 올린
거대한 손
– 34년 차 크레인 기사 윤기훈 씨 이야기

김정화

어린 시절 이야기

저는 1960년 고성에서 태어났어요. 옛날에 엄마가 태몽 이야기를 하는데, '니는 망치를 들고 태어났다' 카더라고. 내가 어렸을 때부터 손재주가 있었나 봐요. 어릴 때는 살림이 참 힘들었어요. 8남매, 3남 5녀 중

허치슨터미널 전경 ⓒ허치슨포트부산

막내였어요. 중학교 3학년 때 아버지가 돌아가셔서 저는 큰형님 집에서 같이 살았어요. 큰형이 집안에 제일 큰 어른이라. 형하고 저하고 22살 차이가 나다 보니 조카들하고 나하고 나이가 거의 같았어요. 농사를 지어서 쌀 팔아서 살림하다 보니 늘 어려운 기라. 고등학교 가려면 월사금을 목돈으로 내야 되는데, 지금 돈으로 한 10만 원쯤 하거든. 조카들도 학교에 가야 하니까. 형이 자기애들 공부시킬라 카지, 나를 시킬라 안 한다고. 엄마가 쎄우고 쎄우고('우기다'는 뜻의 부산말) 해서 겨우 고등학교를 마치게 된 기라.

내가 3살 때 형수가 시집왔어요. 엄마는 밭에 일하러 가고, 형수가 나를 업어 키웠다 카더라고. 나는 기억이 안 나지만 생각해보면 고맙지요. 그렇게 17년을 같이 산 거라. 제가 스무 살에 군에 가면서 독립했으니까. 밥상머리에서 어떤 일이 있었냐 하면, 엄마가 계란찜이나 이런 게 나오면 자꾸 내 앞으로 땡기주는 기라. 나는 그기 억쑤로 눈치가 보이더라꼬. 형수가 잘 해준다카지만, 살림이 어려우니까. 그래서 저는 빨리 취직해서 퍼뜩 어디로 독립해야겠다, 이런 생각을 많이 했어요.

고등학교 졸업하고 처음 면허를 딸 때 기중기 면허를 땄어요. 기중기 시험은 크랑크 코스, S자 코스, T자 코스 시험도 봐야 되고. 크락셀 작업이라 해서, 바가지로 모래를 떠서 높이 들어서 이쪽저쪽으로 옮기는 것도 몇 번 해야 하거든요. 처음에는 잘 안 돼요. 바가지를 올리면서 레바를 계속 당겨줘야 바가지가 물고 오는데, 처음에는 그걸 몰라서 옮기는 도중에 바가지가 벌어져서 모래가 줄줄 흘렀어요. 그래가 시험에 몇 번 떨어졌어요.

기중기 면허를 따고, 그걸 믿고 80년에 해병대에 자원입대했어요. 포항 기갑부대 수송병과에 배치된 기라. 덤프트럭을 주로 운전했어요. 4주 훈련을 받는데 처음에는 밥을 줘도 먹지를 못해요. 정부미로 밥을 하고, 돼짓국이 나왔어요. 돼짓국에는 비계가 들어있는데. 역겨워서 계속 버렸어요. 2주쯤 지나니 그것도 꿀맛이라.

해병대 시절 ⓒ윤기훈

미사일보다 무서운 모래바람

1982년에 제대하고 부산 누님 집에 신세 지면서 직장생활을 시작했어요. 동국제강이라고, 지금 엘지메트로 있는 자리라. 동국제강이 원래 쇠 녹이는 데잖아요. 용광로에 고철을 집어넣어서 녹이면 위에는 쇳물이 뜨고 밑에는 불순물이 남거든. 그러면 그 불순물(슬래그)을 버리는 추레라를 운전하는 작업을 내가 했지요. 슬래그가 굳으면 잘 안 떨어져요.
큰 통을 거꾸로 엎어서 탕탕 쳐서 떼야 해요.

1983년까지 동국제강에 있다가, 84년부터 86년까지 중동을 갔다 왔
어요. 당시에 돈 벌러 중동에 많이 갔거든. 현대건설을 통해서 이라크로
가서 추레라 운전을 했어요. 나는 매달 월급 전액을 회사 자체 은행에
저축했어요. 야근 수당도 있고 내 밑에 딸린 사람도 없고 홀몸이니까.
평균 월 1,000~1,200불, 우리나라 돈으로 80~100만 원 정도를 받았어
요. 그때 국내 평균 봉급이 40~50만 원 정도 했으니까, 국내보다 두 배
정도 되는기라.

우리 바스라 현장은 사막에다 집터를 만드는 기초공사를 하는 거였
어요. 길을 만들고 수도를 깔
고 하수 시설도 만들고 아스
팔트도 깔고…. 그 위에 집만
지으면 사람이 살 수 있도록
하는 거라. 84년에 제가 갔
을 땐 한창 이란과 이라크가
전쟁을 하고 있었어요. 밤마
다 하늘에서 미사일이 날아
다녔어요. 저녁 먹고 8시쯤
되면, 하늘에서 포가 날아와
서 숙소 근처에 '꽈광' 하고
떨어져요.

이라크 건설 현장에서 ⓒ윤기훈

이라크 현장에서 차를 몰며 ⓒ윤기훈

그런데 미사일보다 겁나는 게 사막에 모래바람이라. 이기 진짜 겁납니다. 바스라가 제일 남부지방 아입니까. 새벽에 출발해서 모슬에 가서 벌크(정유하고 남은 찌꺼기. 콜타르 혹은 꼴탕)를 싣고 와요. 벌크에 모래자갈을 섞어서 아스팔트를 만들거든요. 어느 날 벌크를 싣고 오는데, 저쪽부터 뿌옇게 모래바람이 부는 기라. 진짜 앞이 안 보여요. 창문 다 닫고, 담요를 뒤집어쓰고 한 시간쯤 있다 일어나 보니, 차 안이 완전 모래밭이라. 그렇게 심한 모래바람을 몇 번이나 겪었어요.

제5부두 갠트리에 오르다

1987년 한국에 들어와서 일자리를 알아보다가 9월쯤에 '부산 콘테이너부두 운영공사(BCTOC)'에 입사했어요. 당시 기사들이 2교대로 근무하다가 3교대로 바뀌면서 인원이 100명 정도 더 필요했던 기라. 그때는 회사가 정부 산하기관이다 보니까, 선배들이 그러는데, 회사출입증만 보여주면 인근 술집에서 술도 외상으로 많이 줬다 하더라고요.

우리 제5부두 역사를 이야기하자면, 1978년도 박정희 대통령 때 제5부두를 '컨테이너 전용부두'로 지정하면서 BCTOC가 운영했어요. 그러다 1997년 IMF 때 나라 경제가 안 좋다 보니 부두가 1999년 현대상선에 넘어갔고, 2002년에 현대상선이 허치슨포트에 팔은 거라. 그때부터 허치슨이 계속 운영하고 있어요.

부두를 사고팔 때는 부두 자체에 대한 가격, 장비, 시설물은 개인이 사고팔 수 있는 게 아니에요. 장비는 국가 재산이라 BPA(부산항만공사)에서 관리하거든요. 임대형식으로 부두 운영권만 파는 거라.

초창기에는 크레인 장비를 전부 일본에서 수입했어요. 정부에서 차관(借款)으로 돈을 빌려서 일본 미쓰비씨에서 가져왔지. 크레인 조립도 일본 기술자가 했어요. 쓰다 보면 고장이 나잖아요. 그런데 일본 기술자들은 우리 정비사들이 배우려고 보고 있으면 절대로 안 고쳐요. 식사시간에 사람들 가고 나면 그때 싹 고쳐놓는 거라.

지금은 우리나라에서도 크레인을 만듭니다. 다른 나라에서 수입 안 해도 됩니다. 지금 허치슨에는 크레인이 14대가 있는데 기종이 현대중공업, 대우중공업, 한국중공업(현. 두산중공업), 삼성중공업, 이렇게 4가지 정도 됩니다. 신형 갠트리 크레인 한 대에 대략 50~60억 정도 합니다.

허치슨터미널은 부산 동구 좌천동에 있는 제5부두와 제6부두를 말

허치슨터미널 전경 ⓒ허치슨포트부산

합니다. 허치슨은 영국사람 이름이에요. 이분이 홍콩에서 사업을 하다
가 이후 항만 쪽으로 사업을 넓혔어요. 2002년도에 허치슨포트가 우리
부두 운영권을 산 거라. 그 사람 이름을 따서 부두 이름을 지은 거예요.

　허치슨에는 세계 곳곳의 배가 다 들어옵니다. 우리 부두에서 1년에
약 200만 TEU(Twenty foot Equivalent Units)[1]를 처리하는데 부산 전체 처리
량의 10% 정도 됩니다. 컨테이너를 배에 올리고 내리고 하는 작업비는
나라마다 다 달라요. 정해져 있는 건 아니고, 운영사가 결정하는 것에

1) TEU : 20ft(609.6cm)의 표준 컨테이너 크기를 나타내는 단위이다. 컨테이너 규격이 다양함에 따
　라 발생하는 통계 작성의 어려움을 해소하기 위해 20ft 컨테이너 하나를 1TEU라고 하며, 40ft 컨
　테이너 하나는 2TEU로 계산한다. 출처 : 네이버 지식백과

부산항 / 허치슨부두 / 허치슨터미널은 어디일까?

부산항은 부산광역시에 위치한 여러 항구 전체를 묶어서 이르는 말이다.

북항(중구, 동구, 남구, 영도구), 남항(중구, 서구, 영도구), 신항(강서구, 진해구, 감천항(사하구), 다대포항(사하구) 등을 포함한다. 좁은 의미로는 현재 부산역 인근에서 대규모 재개발 공사가 진행되고 있는 '북항'만을 일컬어 '부산항'이라 부르기도 한다.

1877년 '허치슨'이라는 영국인 자본가가 홍콩에 와서 인수한 회사가 허치슨 그룹의 시초가 되었다. 이후 경영상의 이유로 1979년 홍콩 기업가 리카싱(李嘉誠, 청쿵그룹)이 인수했다. CK허치슨 홀딩스의 자회사인 허치슨포트는 현재 국내 부산과 광양을 포함, 세계 26개국 52개 항만 터미널을 운영 중이다. **허치슨포트부산(한국허치슨터미널)이 운영하는 제5·6부두(자성대부두)를** 일명 '허치슨터미널(허치슨부두)'이라고 부른다.

*참조 : 허치슨포트부산 홈페이지, 한국향토문화전자대전, 올레포트 - '허치슨왐포아 기업분석'

따라 달라져요.

우리 터미널에 크레인 장비는 크게 3가지 정도 됩니다. 갠트리 크레인(Gantry Crane=Quay Crane=Container Crane), 타이어 크레인(RTGC, Rubber Tire Gantry Crane), 야드 트랙터(Yard Tractor, 짐 옮기는 트랙터) 등이 있어요.

크레인 운전기사의 하루

갠트리 조종석은 지상에서 43m, 아파트 15층 높이 정도 되요. 주간 반의 경우 아침 7시부터 오후 6시까지 승무하는데요. 2인 1조로 두 시

107번 갠트리 위에서

간 반씩 교대근무합니다. 옛날에는 계단을 타고 올라갔는데 지금은 엘리베이터로 올라가요. 위에 화장실은 없어요. 생리현상은 대충 2~3시간 참으면 되니까 미리 다녀옵니다.

크레인 작업은 연중무휴로 돌아갑니다. 1년에 딱 두 번, 설날과 추석 당일에만 쉬어요. 크레인은 항상 아래를 내려다보면서 고공에서 일해야 하니까 허리나 목 부분, 눈의 피로감이 진짜 많습니다. 제가 시력이 1.2 정도 되는데, 일할 때는 꼭 안경을 씁니다. 야간에는 진짜 신경이 많이 쓰여요. 숙달된 사람도 어려워요.

기사마다 능숙도가 조금씩 차이가 있어요. 오래 하신 분들이 잘해요. 자격증이 있다 해도 하루아침에 되는 게 아니거든요. 처음에는 컨테이너 집는 것도 잘 안 돼요. 신참들은 '리베로'라 해서 3개월 정도를 수습기간을 거쳐요. 처음부터 야무진 사람, 노하우가 있는 사람한테 배우면, 보통 그 사람을 쭉 따라가요.

근무하다 보면 인사 잘하는 후배들이 참 이뻐요. 한 번 만나면 인사하고, 두 번 만나도 인사하고, 저 멀리서도 인사하고⋯. 그런 친구들 보면 이쁘잖아요. 후배들이 "행님 일하실 때 같이 올라가서 옆에서 좀 배워도 되겠습니까?" 그러면 보통은 "올라 오이라" 하는데, 좀 미운 놈들이 부탁하면 "바빠서 안 된다" 할 때도 있고요.

날씨가 좋고 작업이 잘 되면 시간당 35~40개씩은 합니다. 같은 일을 반복적으로 하다 보면 자기도 모르게 신경이 느슨해질 수가 있어요. 그때그때 마음을 다잡아야 해요. 환기도 한 번씩 시키고. 저는 매일 일기를 씁니다. 날씨나 작업 내용 등 간단한 기록이지만, 다음에 일할 때 참고가 돼요.

20년간 쓴 일기를 넘겨보며

크레인 작업이 어려운 건, 바람이 불면 붐이 흔들린다는 거예요. 앞쪽에 붐 길이를 아웃리치라고 하고, 뒤쪽에 있는 붐 길이를 백리치라고 하는데, 아웃리치는 보통 61m 정도 됩니다. 바람이 16m/sec 이상 되면 작업을 안 해요. 2003년 태풍 매미 때는 크레인이 3개나 자빠졌잖아요. 태풍이 오기 전에 육상에 고박장치를 다 해놓아도 바람이 워낙 세니까 자빠지더라고.

컨테이너 안에 있는 물건이 무엇인지 크레인 작업자들은 잘 몰라요. 이래저래 듣기로는, 1970~1980년대에는 산업화와 관련된 공장 기계류가 많이 들어왔고, 1980~1990년대로 가면서 고급스러운 자동차 부품, 우리나라에서 못 만드는 고급 건축자재, 대리석, 양탄자, 칼라TV 같은 것들이 많았다고 해요. 2000년대에 들어서는 고급 가구류, 커피나 차 종류, 식품류, 잡화, 공산품 등 종류가 다양해졌고요. 신발류와 고급 신발 부바재, 전자제품 등 다양한 품목이 부산을 거쳐서 해외로 나간다고 알고 있습니다.

일할 때 피곤하긴 하지만 보람도 있습니다. 공장에서 밤에 잠도 안 자고 만들어낸 제품을 안전하게 배에 잘 싣거나 배에서 내려줘야 한다는 책임감이 있습니다. 작업을 다 마치고 만선 후 배 밧줄을 푸는 순간을 출항 시간이라고 하는데, 배가 출항할 때 보면 뿌듯하다는 생각이 들고 가장 보람차요. 허치슨에 들어와서 내 가족이 안전하게 잘 생활할 수 있었다는 게 고맙고, 직장 다니면서 IMF가 왔는지도 모르고 안정적으로 일할 수 있었다는 것도 고맙지요.

크레인 작업 현장의 변화

옛날에는 부산의 바닷물 색이 누랬어요. 동천에서 준설을 많이 해서 흙탕물이 흘러드는 거라. 당시 씨랜드 같은 미국 선사는 우리 부두에서 물을 안 대려고 했어요. 더럽다고. 배에 수평 잡는 평형수도 물을 새로

채워야 되는데, 부식 염려도 있고 하니 물을 안 넣으려고 하더라고요. 지금은 환경에 신경 쓰고 하다 보니 물 색깔이 많이 좋아졌어요.

업무적으로 가장 많이 달라진 건 '전산화' 부분이에요. 입사 초기에는 종이에다 볼펜으로 써서 컨테이너 넘버, 장치 위치, 작업 순서 등을 도면을 보면서 작업했는데, 지금은 전부 컴퓨터로 하잖아요. 크레인에도 '자동화'가 많이 진행되고 있어요. 신항에 RTGC는 컨트롤센터에서 모니터를 보면서 컨테이너 넘버만 입력하면 크레인이 레일 위를 왔다 갔다 하면서 자동으로 차에 싣고 그래요.

우리 부두 갠트리는 아직 자동화된 게 없는데, 2022년 신항 서측부두 개장할 때는 갠트리도 자동화된다고 알고 있어요. 항운노조에서 반대가 많겠지만, 스마트 항만이 세계적인 추세니까, 이걸 또 마냥 거부할수도 없지 않겠습니까. 수동은 열 명이 필요한데, 자동은 한 명만 있으면 되고 컴퓨터 시뮬레이션 쪽은 여직원들이 거의 다 하니까. 후배들이 방향을 어떻게 잡아야 할까, 여러 생각이 듭니다.

갠트리에서 바라보면, 육지 쪽으로 우암동, 적기, 좌천동 쪽이 보이고 바다 쪽으로는 영도가 주로 보이거든요. 옛날에는 보이는 게 전부 주택이었는데, 지금은 아파트로 다 바뀌었어요. 2007년 부산항대교 공사 시작하는 것도 다 지켜봤어요.

'아빠의 청춘'을 위하여

1987년에 결혼했어요. 누나가 5명인데, 내가 해외 나갔다 와서 혼자

사는 걸 보더니, 빨리 가정을 꾸리도록 한 분을 소개해주더라고. 결혼 날을 정해놓고 전세방 구하는데, 방을 못 구해서 할 수 없이 아파트를 샀어요. 그때는 아파트가 뭔지도 모르고 청사포 내려가는 쪽 길모퉁이에 18평 아파트를 산 거라. 그때 1,200만 원 주고 샀는데, 지금은 몇억씩 하니까… 아파트값이 진짜 많이 올랐어요.

저는 아들만 둘이에요. 아내도 계속 일하다 보니 애들은 어머니가 키워주셨어요. 한 번은 쉬는 날, 애들을 회사에 데려가서 아빠가 이런 데서 일한다고 보여줬더니, 둘째가 "아빠 멋있어요!"라고 하더라고요. 큰놈이 군대에 다녀와서 취직 공부를 하더니, 어느 날 "아버지, 저 아시아나에 합격했어요"라고 하더라고. 처음에는 안 믿었는데, 며칠 후에 회사에서 화분을 보내왔더라고요. 아빠가 부두에 매여서 신경도 못 썼는데, 아들이 세상을 날아다니는 직업을 찾아가더라고요. 애들이 잘 커준 게 큰 복이라는 생각이 들더라고요.

우리가 클 때는 부모님이 고생을 참 많이 했거든요. 6·25전쟁이 일어나고, 없는 살림에 힘들게 살다 보니까. 우리 자식들만큼은 고생 안 시키고 편하게 살기를 바라게 되더라고요. 그런데 생각해 보면, 어차피 세상은 자기 스스로 살아가야 하잖아요. 자식들이 스스로 판단하고, 헤쳐 나가야 하고. 어려서부터 애가 스스로 뭔가를 할 수 있게끔 교육해야 하지 않을까 생각도 들어요.

크레인 운전하는 사람은 온종일 좁은 공간에서 일하기 때문에 운동을 안 하면 안 돼요. 동료들도 운동을 많이 해요. MTB 타는 사람, 인라인 타는 사람, 웨이트 하는 사람… 저는 몇 달 전부터 달리기를 시작했어요. 일주일에 서너 번, 신선대공원 쪽 오르막길을 뛰어요. 옛날에는

허치슨포트부산 크레인 기사 윤기훈 씨

30~40분 뛰면 두세 번을 쉬어야 했는데, 지금은 한 번 만에 올라가요.

취미로는 색소폰을 조금 배웠습니다. 미국산 셀마 색소폰을 하나 사서 좋아하는 행님을 따라다니면서 배웠어요. 색소폰은 폐활량이 굉장히 좋아야 하거든요. 색소폰에도 소프라노가 있고 알토가 있고 테너가 있는데, 처음에 멋도 모르고 테너를 산 거라. 테너는 바디가 크고 무겁고 중저음이 멋있는데, 저음으로 붕~ 하고 소리를 내려고 하면 호흡이 딸리는 기라. 요새 〈아빠의 청춘〉 노래를 연습하는데 쉽지 않네요. 은퇴하면 더 열심히 해볼 생각입니다.

선배들을 보면 70이 넘어도 계속 일하시는 분들이 많아요. 즐겁게 건강관리 하면서 일할 수 있으면 좋지요. 명예퇴직한 동료 중에는 춤을 취미로 배우다 대학에 생활댄스 강의를 나가는 사람도 있고, 등단해서 시인이 되기도 하더라고요. 시대에 따라 준비하는 사람이 살아남는 거 같아요.

세상을 살다 보면, 풍파는 누구에게나 다 오기 마련이에요. 이건희라고 풍파가 없었겠어요.

은퇴를 앞둔 입장에서 요즘은 여러 생각이 많이 듭니다. 세계 주요 항만이 자동화되고 있어요. 중국 양산항, 칭타오항, 네덜란드 로테르담항. 엄청나게 자동화가 됐어요. 부산도 신선대부두랑 신항에 자동화가 진행 중이에요. 우리도 경쟁력을 갖추려면 세계적인 추세에 대비하고 자동화에 따른 일자리 문제도 계속 고민해야 하지 않을까요.

세상사 모든 것이 노력하는 데 달린 거 같아요. 세상이 바뀌는데, 준비하고 노력해야지요. "노력하다 보면 길이 열린다", 이 말을 철학처럼 여기며 살고 있어요.

시인

이상이 현실을 바꾼다고 믿는 이상주의자.
글쓰기 공동체 〈백년어서원〉을 운영하며
세상의 모든 틈을 들여다보려 합니다.
시집 『뿌리주의자』 외 10여 권의 저서가 있습니다.

수만 톤의 큰 배와 한 몸이 되는 순간 환희를 느낍니다

- 항만의 승부사, 도선사 정태완 씨

김수우

푸른 수평선만 지킨 긴 항해 끝에 만나는 항구도시의 불빛, 그 설레임을 무엇과 비유할 수 있을까. 새로운 항구는 또 하나의 경이를 여는 지구의 베일일 것이다. 벅차오르는 그 기대를 제일 먼저 마주하는 사람은 그 항구의 도선사이다. 당연히 도선사는 그 나라와 도시에 대한 첫 이미지가 된다. 그래서 도선사가 민간외교 제1번지의 역할을 하고 있다고 믿는 도선사 정태완 씨.

도선사는 항만에 입출항하는 선박에 승선하여 그 배가 항구에 안전하고 신속하게 접안·이안할 수 있도록 안내하는 사람을 말한다. 부산이 바다의 도시이고, 대한민국 제1의 세계적인 항만이지만 그 수문장 격인 도선사라는 직업을 우리는 얼마나 알고 있을까. 여름햇살

도선사 정태완 씨

의 틈새를 비집고 정태완 도선사를 만났다. 충남 홍성군 광천이 고향인 그가 부산과 인연을 맺은 것은 1975년 한국해양대학교에 입학하면서 이다. 졸업하고 항해사와 선장이라는 이름으로 26년 해상생활을 하는 동안 바다는 그에게 성실한 비전을 선물했다. 그 후 도선사에 도전, 16년째 부산항 도선사로 살고 있다. 그가 도선사를 선택하는 데는 선장의 경험이 크게 작용했다.

"선상생활을 하면서 미국과 중남미 지역을 비롯한 50여 개 국가에 입항했습니다. 항해자들은 검역과 세관 등 출입국에서 여러 절차를 거쳐야 육상에 오를 수 있지요. 때문에 제일 먼저 만나는 사람은 항구 밖 바다에서 승선하는 도선사입니다. 정중하고 실력 있는 도선사를 만나면 항구도시에 대한 이미지가 달라집니다. 선장을 오래 하면서 무선기

최대한 예의를 갖추어 도선에 임한다

하나 들고 승선한 도선사가 예의를 갖추지 않는 모습을 볼 때 금세 도시 이미지가 불편해지던 걸 잊지 않죠. 그런 경험 때문에 저는 도선에 임할 때 손님을 맞이하는 입장에서 최대한 예의를 갖춥니다. 뜨거운 8월 한 달 정도 빼고는 가능한 한 넥타이를 매고 정중한 모습으로 승선합니다. 민간외교인으로서 자부심을 잊지 않는 거지요."

선박은 제 나라의 국기를 달고 있는 치외법권 지역이고, 도선사는 우리나라를 대표해서 승선하는 것이기에 서로 예의가 선행되는 것이 당연하다는 것이다. 도선제도는 입출항 선박의 안전 확보, 항만시설 보호, 항만의 운영능률 증대 그리고 군사적 보안의 필요 때문에 생겼다. 부두시설은 엄청난 산업자원인 만큼 도선사는 가장 전문영역일 수밖에 없음을 그는 강조했다. 여차해서 사고라도 나면 도선 업무가 중단되고, 항만이 마비되면서 국가 경제 손실을 초래할 수 있기 때문이다.

부산항의 뱃길은 1876년 조일수호조규(강화도조약)를 통해 당시 초량항이라 부르던 부산항을 양국의 통상구역으로 하면서 만들어졌다. 한국 최초의 도선사 개업은 1937년 5월이었고, 부산항 도선사 협회는 1948년 9월 9일 조합을 설립하면서 출발했다. 도선사가 되려면 6천 톤 이상의 선박에서 선장으로 3년 이상의 승선 경력이 필요하고 도선수습생 전형시험과 실무수습(6개월간 200회 이상) 그리고 도선사 면허시험을 거쳐야 한다. 이렇듯 도선법에 따라 일정한 자격을 갖추고 해양수산부 장관의 면허를 받아 도선사가 될 수 있다. 결코 쉬운 과정이 아니다. 2013년과 2014년 도선사협회장을 맡기도 한 정태완 씨에게서 '항만의 주역'이라는 자긍심이 진하게 울려난다.

"우리나라 해운력의 우수함을 상징하면서 해양기술의 최정점을 보여주는 게 도선사입니다. 그만큼 부산항 도선사는 국제적으로도 인정받을 만큼 실력과 프로의식이 뛰어납니다. 도선사를 'Pilot'이라고 하는데, 용어에 있어 'Flight Pilot'보다 'Marin Pilot' 유래가 먼저입니다. 비행기는 100년 정도의 역사를 가지고 있지만 배는 비행기나 마차보다 먼저 생겨났지요. 이 용어가 이집트 시대부터 사용되었다는 말도 있어요. 'Habor Pilot', 'Sea Pilot', 'River Pilot' 등 세분되기도 하죠. 외국과의 무역은 주로 선박 아니면 비행기인데, 비행기는 적재에 한계가 있지만 선박은 40만 톤까지 가능해 거의 모든 무역은 해상의존도가 높습니다. 배가 육지에 도착할 때 현지 해로에 정통한 사람이 필요하죠. 때문에 도선 업무는 국가의 고유권한, 곧 주권과도 연결됩니다. 국가 안보와 항만 안전, 효율 면에서도 매우 중요하기에 거의 모든 국가가 강제적 도선 제도를 의무로 하고 있습니다."

배는 인류 문명사에 그대로 직결된다. 문명이란 교류의 역사를 말한다. 통나무배에서 가죽배와 범선을 거쳐 거대한 크루즈와 컨테이너선까지 물류 흐름이 결국 지구를 새롭게 엮어온 것이다. 외부로부터 들어오는 물류의 첫 단계, 외부로 나가는 물류의 마지막 단계에 도선사가 있다. 모든 국제무역의 처음과 끝에 도선사가 움직이는 것이다.

"마지막까지 함께하는 것도 도선사입니다. 화물을 가득 싣고 먼 길,

처음과 끝을 함께 하는 도선사

주로 파나마나 멕시코, 미국이나 유럽으로 향하는 배를 출항시켜야 하지요. 배를 이안해서 어느 정도 외항까지 도선 후 배에서 내립니다. 도선사가 하선해야 비로소 배는 항해에 나서는 것이지요. 그렇게 떠나는 배를 보면 '보름 이상은 파도 밭에 고생하겠구나' 싶어 괜히 가슴이 싸아해집니다. 저도 그런 시절이 많았으니까요. 선장 생활을 오래 했기 때문에 가능하면 언제나 선장들을 돕고자 하는 마음입니다."

그가 바다를 선택한 이유가 궁금했다. 충청도에서 왜 부산까지, 해양대학을 선택한 이유, 선장을 하고 싶다고 생각한 계기는 무엇일까.

"고향은 충남이지만 아버지의 직업군인 생활로 인해 고등학교까지 서울에서 마쳤지요. 어린 시절엔 미래의 기업 영농에 대한 꿈이 있었어요. 하지만 모두 어려웠던 시절이었어요. 경제적 지원이 어려웠던 차에 해운입국이라는 비전을 따라 국립한국해양대학을 선택했습니다. 1970년 대는 '해운입국'이라는 말을 입에 달고 살던 시절이었어요. 산업화의 역군으로 독일의 광부나 간호사들의 외화벌이가 자주 거론되는데, 저는 해외송출 선원들, 해양으로 나선 일꾼들이 벌어들인 외화가 경제성장에 훨씬 공이 크다고 믿지요."

1960년대 후반에 시작된 선원송출이 해운입국의 출발이었다. 강냉이죽을 먹던 시절에 산업화의 제일선에 해외 선원송출산업이 있었다는 것이다. 제대로 된 국적선도 없이 중고선을 사들이며 일으킨 해운업 70년의 역사를 되짚는 정태완 도선사의 이야기는 당시의 절실함이 담겨 있다. 때문에 오늘날 우리 조선업이 세계의 각광을 받고, 부산항이나 부산 신항에 꽉 찬 컨테이너들을 보며 세계 물류를 움직이는 우리 해운업이 더 자랑스러울 수밖에 없다.

부산항으로 도선 중인 컨테이너선

"자본도 전통도 없이 제로베이스에서 순전히 선원들의 노고로 일구어낸 한국 해운업입니다. 언어도 안 통하는 외국 선주 배를 타고, 외국인 사관들 아래서 차별을 받아 가며 엄청난 고통을 견뎌낸 게 다 해운업의 씨앗이 되었지요. 그 당시 미국이나 일본이 후진국 산업처럼 여긴 그 자리에 우리가 뛰어든 셈입니다. 선원들도 정말 고생을 많이 했어요. 파도 장벽, 차별 장벽을 다 뛰어넘어야 했지요. 그것을 알기에 해상생활과 지금의 도선사 일은 저를 행복하게 합니다."

그는 도선사로서 보람을 느낀다. 거대한 배와 한 몸이 되는 순간의 긴장과 전율이 그를 프로로 만들기 때문이다. 부산항은 전 세계 항만에 비해 좁은 편이다. 선박 크기나 입출항 문제에 있어 수역이 좁다는 말이다. 그 사이에 있는 조류, 바람, 수심, 통행량까지 섬세하게 계산하고 응시하고 안내하는 데에 일류의 자질이 필요하다. 경력과 경륜이 더 돋보이는 이유이다. 그래서 외국 도선사보다 자부심이 크다. 모든 관제사들도 그렇게 평가한다.

부산 신항엔 총톤수 20여 만 톤 컨테이너 선박들도 많이 드나든다. 그런 초대형 컨테이너선들은 20,000TEU(Twenty-feet Equivalent Units) 이상의 컨테이너가 실린다. 총 톤수가 20만 톤이면 보통 길이 400미터, 폭 60미터 정도이다. 운동장보다 몇 배 더 큰 배의 미세한 움직임을 온몸으로 감지한다는 것은 바다와의 무한한 소통의 영역이기도 할 것이다.

"고도의 긴장과 판단력이 만들어내는 집중이 절대적입니다. 거대 선박들이 바로 내 몸처럼 여겨지지요. 접안시킬 때 어마어마한 철판의 미세함을 감지하는 순간이 매우 중요합니다. 마치 내 몸처럼 작은 진동을 감지하고 미세 조정을 통해 부두에 평행으로 부드럽게 접안할 때 거의 예술적인 희열을 느끼지요. 선장이 배를 조선하는 것과는 전혀 다릅니다. 선장은 대체적으로 외항의 넓은 수역에서 조선을 담당하지만 도선사는 항내 좁은 수역에서 아주 미세하게 조선하지요. 수만 톤 선박이 내 몸과 하나 되는 순간엔 두려움을 이겨내는 큰 담력도 필요하지요. 속도를 최대한 줄이지 않거나 부두에 평행하지 않고 한 부분만 접촉한다면 그 충격량이 엄청나서 선박이나 부두에 큰 손상을 입히게 됩니다. 안전하고 부드럽게 접안되어 선장들이 "엑셀런트!"하며 엄지손가락을 세울 때 가슴 안에서 프로페셔널의 자부심이 솟구치죠."

현재 우리나라 제1항구인 부산항엔 53명의 도선사가 활동 중이다. 13개 지회 중 부산이 제일 크고 도선사가 제일 많다. 몸을 담고 있어서가 아니라 부산항 도선사들의 도선 실력은 그야말로 최고임을 그는 자부한다. 선장으로 56개국을 다니면서 각 나라의 많은 도선사를 만나본 경험을 돌이켜보건대 부산항 도선사들만 한 베테랑들이 없다는 것이다. 세계적으로도 대한민국의 도선사들의 현장 평가는 대단하다.

부산항에선 어떤 배들이 도선을 받을까. 부산항에 기항하는 선박들은 어선에서부터 예인선, 크루즈, 탱커선, 일반화물선, 컨테이너선, 군함, 범선, 특수선(병원선) 그리고 항공모함과 잠수함에 이르기까지 다양하다. 도선법에 따르면 현재 부산항에 총 톤수 5백 톤 이상의 외국 국적선 및 한국적 외항선은 강제 도선이 필요하고, 한국적 2천 톤 이상의 내항선은 도선이 필요하지만 조건에 따라 면제가 되기도 한다. 하지만 대체적으로 만 톤이 넘어가면 국적선들도 그 항구의 도선사를 이용하는 편. 감천항에 들어오는 5백 톤가량의 러시아 어선들도 다 도선사가 승선해야 한다. 도선을 하는 과정에 위험은 없을까.

"입출항 선박 중 컨테이너가 90% 정도인 게 부산항의 특징입니다. 전 세계적으로도 물동량이 대단히 많은 편이죠. 위험은 곳곳에 도사리고 있습니다. 아찔한 순간들이 많지요. 컨테이너가 많이 실린 배들은 바람의 영향을 많이 받습니다. 컨테이너 옆면은 풍압 면적이 넓어 작은 바람에도 많이 밀립니다. 속력도 없으니 그 영향이 크지요. 그리고 실제로 배에 오르고 내리는 일이 가장 위험합니다. 보트가 정지해 있는 것이 아니지 않습니까. 줄사다리에 몸을 맡기고 수면에서 갑판까지 9미터 이상을 오르내리는데, 전 세계적으로 일 년에 몇 명씩은 줄사다리가 절단되어 추락사를 하기도 하고 골절상을 입는 경우도 더러 있어요. 또 3만 톤 이상의 배에서 실내 엘리베이터가 고장 났다고 하면 갑판에서 선교까지 다시 7~8층을 걸어 올라갑니다. 바람이 불거나 하는 험한 날씨에는 그만큼 더 위험을 무릅써야 하기에 안전한 도선은 프로 중의 프로라는 자부심이 됩니다."

도선을 단순기술이 아니다. 그냥 운전하는 기술이 아니다. 상황 판단을 위해서는 고도의 정신력을 유지해야 하는 인지과학인 것이다. 아

줄사다리에 몸을 맡겨야 한다

찔아찔한 순간들이 많다. 24시간 서비스 직업이기 때문에 꼬박 밤을
새우는 야간도선도 해야 한다. 그때도 고도의 집중력을 놓쳐서는 안 되
는 것이다. 그래서 체력 단련이 매우 중요하다. 고도의 긴장력으로 판
단력을 유지한다는 것은 그만큼 스트레이기도 하다. 그는 요즘에도 북
항에 16일, 며칠 쉬었다가 신항에서 16일을 주야간 돌아가며 근무한
다. 거대한 배들이 들어오는 부산항의 길이 문득 궁금했다.

"오륙도와 태종대의 중간쯤에 SEA BUOY가 떠 있습니다. 도선사는
SEA BUOY 부근에서 입항 선박에 승선하게 되며, 이곳을 도선점이라
고 하지요. 거기서 부산항의 모든 부두에 들어가게 됩니다. 백운포 해
군작전기지, 신선대부두, 감만부두, 신감만부두, 7부두, 6부두, 5부두,

해양대부두까지 말입니다. 출항할 때는 방파제 바깥까지 안전하게 도선사들이 도선하지요. 입항선이 방파제 밖에서부터 수정동 산마루에 있는 도등(Leading Light)을 보고 들어오면 부산역을 거의 센터로 하게 됩니다."

하지만 최근엔 안타깝게도 70층 협성 르네상스 빌딩에 도등이 가려졌다. 때문에 부두 끝단에 다시 설치한 흰색, 초록, 빨강으로 된 LANGE LIGHT를 참고로 한다. 도선에 40분쯤 걸리는 편. 감천항, 다대항으로 들어가는 남항의 뱃길도 마찬가지다. 감천 SEA BUOY 바깥, 제2도선점에서 승선하여 태종대 앞 생도(주전자섬)와 암남공원을 오른쪽에 두고 감천만으로 들어간다. 주로 원양어선과 탱커선, 철재를 선적한 벌크선 기타 특수선들이다. 감천항은 러시아 선박들의 입출항이 많아 제2의 블라디보스톡으로 불리기도 한다. 또 부산 신항은 가덕도 동두말 등대를 돌아 대우조선소를 지나 가덕수로를 따라 들어가게 된다.

항해사와 선장으로 26년 다니는 동안 그는 세계의 미항들을 많이 보았다. 하지만 그는 부산항을 세계 어느 것보다 아름다운 항구로 손꼽는다. 오륙도 일출, 영주동을 포함하는 부산항의 야경이 그렇고, 새벽 달이 지거나 석양에 물드는 부산 남항의 경치는 빼어나다. 또 배를 몰고 들어오면서 만나는 부산의 절경은 환상적이다.

"조도 뒤 가파른 절벽, 백운포 해군기지 신선대 언덕과 오륙도 SK뷰 아파트를 바라보고 들어올 때 그 풍경은 정말 아름답죠. 특히 외항에서 바라보는 부산항 야경은 절로 찬탄이 나올 정도지요. 외항에 앵커를 놓

세상에서 가장 아름다운 항구, 부산항

고 바라보는 산복도로 불빛은 부산항만의 서정적인 풍경입니다. 하지만 요즘은 홍콩마냥 높은 빌딩이 병풍처럼 가려 처음과 많이 달라지고 말았어요."

　전 세계에서 오는 사람과 물류가 오가는 입출항길. 그 길을 안내한다는 건 결국 도선사의 자질 자체가 중요한 게 아닐까. 기능적 직업이아니라 인문적 자질, 즉 관계에 대한 감수성과 상상력 말이다. 그런 점에서도 부산항 도선사는 외국에 비해 뛰어나다고 정태완 도선사는 자부한다. 해상생활 26년, 도선사 16년. 그는 바다에서 무엇을 배웠을까.

그는 인간에게 어떤 가치가 가장 중요하다고 생각할까.

"가까운 사람과 경제적, 사회적, 정치적, 삶의 가치관 등을 같이 한다는 게 중요하지요. 그것이 행복의 척도가 아닐까요. 살아오면서는 '정직'을 우선으로 했고, 또 모자라면 모자라는 대로 주어진 상황에 긍정적으로 최선을 다하려 노력합니다. 결과란 내 뜻만은 아님을 알기에 더 능하신 분께 감사드리게 되죠. 제가 바다에서 배운 것은 겸허함입니다. 도선사 직업을 갖게 되면서 매사에 겸손이 중요함을 더 깨닫습니다."

모험과 너그러움이라는 바다의 성품을 고스란히 익히고 실천하는 정태완 도선사. 여가 생활도 궁금했다.

"도선사란 직업 자체가 물리적·신체적 사고 위험에 많이 노출되어 있죠. 신체적 문제가 발생하면 본인뿐 아니라 동료에게도 큰 부담과 불편을 초래하기 때문에 근무 후 여가 생활에도 안전에 각별히 조심합니다. 많은 도선사가 음주 흡연을 자제하고 체력 유지를 위한 등산이나 수영, 골프 정도를 즐기는 편이지요. 저도 신체 단련을 위한 가벼운 운동과, 잘은 못하지만 기타, 색소폰 같은 악기를 혼자 즐기는 정도로 제 여백을 가꾸고 있습니다."

작가

나중에 죽어서 어떻게 살았냐고 염라대왕이 묻는다면,
"죽을 쑤면서 살았습니다"고 말하겠습니다.
"요리사, 바리스타, 독서모임 대표, 철학 연구, 작가 등등
꿈을 이뤄가며 뒤죽박죽 살았습니다"라고 말입니다.

사람과 사람을 연결하는
수상택시

김병용

1979년 여름, 햇살과 함께 미자 엄마의 머리카락과 얼굴에는 생선 비늘로 번쩍거렸다. 갯바위에서 그녀는 애타게 기다리던 통선을 발견했다.

"어이 자카, 자카. 아재요 자카, 자카"

'자카'는 통선을 부르는 그들만의 언어이다. 오후 4시, 미자 엄마는 상기된 얼굴로 지나가는 통선을 격한 손짓으로 불러댔다. 미자 엄마가 승선했던 배는 육지까지 그녀를 내려줄 수가 없기에 통선이 지나가는 길목인 갯바위에 그녀를 내려다 주었다. 통선은 미자 엄마를 보고 뱃머리를 돌려 그녀가 서 있는 갯바위로 향했다. 선장은 갯바위에 바짝 붙이지 않고 살짝 거리를 띄우고, 미자 엄마를 향해 큰소리로 외쳤다.

"오늘은 뭐 낚았는교?"
"고등어 많이 드리께예."

"치우소, 아까 배에도 고등어 잔뜩 받았는데, 돌돔은 없는교? 요코하마 황 마담이 일본에서 배 들어온다고 돌돔 찾는 거 같던데⋯."

미자 엄마는 일당으로 받은 돌돔 두 마리를 고등어들 사이에 꼭 숨겨둔다, 그리고 작은 소리로,

"돌돔 낚다가 그물 찢어지는 소리 하네"

이어서 다시 외친다.

"오늘 일당으로 고등어밖에 못 받았으예. 아침부터 아도 아프고 좀 봐주이소."

통선은 주황색으로 물들어가는 바다에 검은 내를 콸콸 풍기며 육지로 향했다.

"아지매, 그냥 뭍에서 생선 배나 가르지, 뭐 한다고 배에 타서 생고생 하는교?"
"딸내미, 병 고칠라면 택도 없으예. 고등어 팔고 나면 다음 뱃삯은 꼭 돈으로 치루께예"

'사바사바'라는 말이 있다. 사바는 '고등어'의 일본말이다. 예전에 일본에서는 배를 타기 위해 돈 대신 고등어로 값을 치렀는데, 그 과정

에서 사정을 많이 했다고 한다. 그래서 '사바사바'한다는 말이 생겨난 것이다. 그 옛날 통선을 타기 위해서는 꼭 돈이 있어야만 하는 것이 아니었다. 통선을 타기 위한 그들의 애환이 뱃삯이 될 수도 있었던 시절이었다.

통선에 대한 사전 자료조사를 하면서, 1970~1980년대 부산의 삶을 상상해보며 통선 회사 대표에게 전화했다.

"부산항만공사 아시죠? 거기로 오시면 연락주세요."

부산항만공사 주위 전경

지하철 남포역에서 내려 15분 정도 걸어가면 부산항만공사가 보인다. 지도를 보니 중앙동이 더 가까워 보였지만, 통선을 운영하는 이동식 대표의 말씀을 좇아 남포역에서 내려 도착하였다. 항만공사 주차장을 지나 부두를 맞이하게 되었다. 장마철인 데다 부둣가 근처라 그런지 대기의 축축함이 온몸으로 전해지는 듯했다. 흐린 날씨이지만, 7월 중순의 강렬한 빛은 구름마저 뚫고서 눈살을 찌푸리게 하였다. 초등학생 시절 일기를 쓸 때 날씨에 대한 기록 칸이 있었는데, 그날의 날씨를 적어야 한다면 '빛이 강렬한 흐린 날씨'였다.

회색빛 하늘에 물든 바다 위에 떠 있는 배는 예상했던 것과는 달리 규모가 작은 배들이 대신했다. 어릴 때부터 들은 조용필 씨의 〈돌아와요 부산항에〉 때문인지, 여객선이 즐비하게 정박해 있을 거라는 상상을 해왔었다. 몇 척의 배를 감상한 뒤 시원한 바닷바람을 맞으며 사무실을 찾았다. 컨테이너 사무실이라는 말은 들었었지만, 걸어가는 동안 같은 모양과 크기의 컨테이너 사무실들이 보여 찾는 데 애를 먹었었다. 그러다가 철조망을 경계로 바로 앞에 '부산통선사무실'이 쓰인 컨테이너 사무실을 발견했다. 날씨 때문인지 배들이 들락날락하는 부산함이 없는, 옹기종기 통선이 정박해 있다. '부산광역시 중구 대교로 122(중앙동 6가) 부산항만 공사 내 통선장', 이것이 통선 사무실의 주소지이다.

"통선에 대해서 아는 사람이 거의 없을 텐데, 어떻게 용케 아시고 연락을 주셨네요."

바다에 관련된 학과를 나왔지만, 통선이라는 명칭은 생소했다. '통선'이라는 단어 앞에는 '수상택시'라는 수식어가 붙어 있었다. 통선은 항만 안에서 묘박 중인 선박과 육지 사이의 연락을 중계하기 용도로 사용되는 선박이다. 통선은 주로 사람이나 문서 혹은 물건 등을 운반하기

부산항만공사 사무실

위해 사용되고 사람을 운송하더라도 해운법이 아닌 항만운송사업법의
적용을 받는 것이 특징이다. 특히 부산처럼 어선이 정박하는 어항이 있
거나 선박 수리 등으로 큰 선박이 자주 들어오는 지역에서는 꼭 필요한
운송 수단이다. 통선을 이용하는 주요 대상은 선원, 선박 회사, 선박 수
리 공장 등인데, 사람이 타지 않고 화물만 통선에 싣기도 한다. 큰 선박
이 항구에 정박할 자리가 없거나 항구에 접안하게 되면 접안료와 시설
사용료 등 여러 경비가 많이 발생하는 이유로 부산항 외항에 닻을 내려
놓고 정박한다. 육지에서 이 묘박지에 있는 선박으로 다니기 위해서 통
선이 필요한 것이다. 육상 교통으로 말하자면 해상택시 겸 해상용달인
셈이다. 통선은 해상에서 중요한 수단이지만 그 역사나 내용에 대해 알
려진 것은 거의 없다.

"부두에 접안하지 못하는 배들은 육지 업무를 볼 수가 없어요. 그래
서 우리 같은 통선이 꼭 필요하죠. 마치 악어와 악어새처럼요."

초기의 통선은 대부분 목선이었다. 선박은 목선 다음으로 목강선(나무와 철로 만든 배), 강(철)선, FRP 선박의 순서로 재료에 따라 변해왔다. 통선은 주로 배에 접안해야 하는 경우가 많기 때문에 철선이 주를 이룬다.

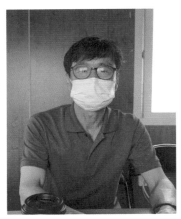
(주)선경마린 이동식 대표

부산항만협회 홈페이지를 통해 5개의 통선 회사가 있는 것을 확인했다. 그중 ㈜선경마린 이동식 대표를 만났다. 오랜 회사생활을 한 듯 보이는 얼굴에 부산 사투리에 서투른 이동식 대표의 고향은 서울이다. 1980년대, 그는 제대 후 사회생활을 부산에서 시작하게 되었다. 그는 부두시설이 많은 충무동에서 일하였다. 처음에는 배에 식자재와 그밖에 공산품들을 납품하는 일을 했다. 일종의 선박을 대상으로 하는 슈퍼마켓인 셈이었다. 그러다가 자연스럽게 항만쪽이나 배에 관련된 사람들을 알게 되었고, 많이 접촉하다 보니 배에 관해서 많이 알게 되었다. 그는 배에 대한 매력을 느끼게 되어서 통선을 시작하게 되었다고 한다. 그의 부드러운 말투에서 뱃사람 특유의 왁자지껄함을 느낄 수는 없었지만, 차분한 말투에서 타향살이의 인내심이 보였다.

"처음 통선을 시작했을 때는 어땠습니까?"

"제가 통선을 시작할 1980년 대 무렵만 하더라도 충무동부터 자갈치시장까지 사람 많고, 물고기 많고, 돈 많은 그런 곳이었습니다. 통선도 꽤 활황이었죠."

1960년대에는 가난을 벗어나기 위한 많은 움직임이 있었다. 독일로부터 차관을 얻기 위해 엘리트 광부와 간호사를 보내야만 했고, 베트남에 수많은 젊은이를 전쟁터로 보내야만 했다. 이른바 '인력 수출'이었다. 그리고 잘 알려지지 않았지만, 원양어선이나 외항선 선원들도 존재했다. 후에 그들이 배운 경험을 바탕으로 대한민국이 원양산업을 일으키게 되었다. 원양산업은 중화학공업과 더불어 대한민국 경제의 핵심 산업이 되었다. 부산의 앞바다는 가난했던 대한민국의 젖이 되었다. 바다와 관련된 일을 하는 사람도 많았다. 배를 타는 사람부터 배를 고치는 사람, 배를 청소하는 사람 등등이 있었다. 이런 업무와 관련된 사람들은 통선에 탑승하는 경우가 빈번했다. 통선은 밤낮없이 사람과 물건을 이쪽 배에서 저쪽 배로 실어 나르며 육지로 옮겼다. 바다는 그들에게 풍요를 안겨주었지만, 세상일은 주거니 받거니 하는 것이 이치다. 일이 많았던 만큼 위험한 순간도 많았다. 이동식 사장은 기억에 남는 위험한 순간을 회상했다.

"어선과 관련된 일이었는데, 내항에서는 파도가 안 쳤는데 외항으로 나가니깐 파도가 요동을 쳤어요. 진짜 겁이 났죠. 아무리 위험해도 운전해서 가는 건 그나마 괜찮은데, 다른 배랑 접안해야 하니 그때가 가장 위험하지. 배도 위험할 뿐만이 아니라 사람이 다른 배로 갈아 탈 때도 위험해요. 들은 이야기지만, 선박회사 직원이 카페리(차를 싣는 선박)를 타러 갔는데, 보통 작은 배는 라다(줄사다리)를 타고 올라가는데 카페리는 규모가 워낙 커서 갱웨이(철제 사다리)를 타고 올라가는 편이에 요. 갱웨이를 타고 올라가는데 밑에서 파도가 크게 치는 바람에 갱웨이 를 건드려서 흔들리는 바람에 사람이 떨어지게 되었죠. 카페리는 밑바 닥이 평평해서 그 밑으로 떨어지면 찾기 어려워요. 조류가 세지면 인력 으로는 어쩔 수 없어요. 게다가 바닷물을 한 모금이라도 마시면 정신이 없어져요. 바닷물이 얼마나 짭니까?"

"대표님은 바다에 빠진 적이 있나요?"

"아뇨, 전 한 번도 없어요. 스킨스쿠버를 배우는데 그것도 혹시 모를 사고에 대비해서 배워둔 거죠."

그래도 지금은 풍랑주의보가 내리면 오후 6시 이후부터는 운항을 중지한다고 한다. 해경에서도 이를 관리하고 있다.

통선이 허가제에서 신고제로 바뀌면서 경쟁이 치열해졌다. 배의 규 모가 20톤이 넘어야 한다는 규정이 있어, 새롭게 배를 사려면 가격이 만만치 않다. 중고 한 척에 값이 싼 건 1억 정도 하고 그나마 쓸만한 건 3~4억이다. 새 배는 6억이다. 통선은 어선이 아니라 수협 같은 곳에서 지원을 받을 수도 없다고 한다.

"배가 연식이 오래되어서 교체해야 하는데, 새로운 배는 한 척에 6

억 정도 해요. 대형선들은 돈을 지원해주는 곳이 있다고 들었는데, 우리 같은 소형선들을 지원해주는 곳은 없어요. 통선 협회 차원에서 해양수산청에 건의를 하기도 하는데, 잘 되지 않네요."

예전에는 통선 허가 업무 외에 다른 용도로 사용하기도 했지만, 지금은 허가받은 용도 외에는 돈벌이 수단이 막혔다. 부산에 부두가 있기에 배들이 찾아오고 통선도 그 덕에 먹고 살 수 있지만, 감만항이 생기면서 부두에 정박할 수 있는 공간이 커졌고, 자연스레 일거리가 줄어들었다. 그들은 지원의 사각지대에 놓여있다.

"보통 오전 7시에 출근해서 오후 6시가 되면 퇴근해요. 일이 있으면 새벽에 나갈 때도 있죠. 쉬는 날은 없어요. 명절에도 배는 계속 들어오니깐 일하러 나가야 하죠. 그래도 통선으로 사람들을 싣고 건자재를 운반해야 큰 배들이 움직일 수 있다고 생각하면, 이 일이 보람되기도 해요."

일은 단지 먹고살기 위한 생계 수단에 불과한 것은 아니다. 협력을 통해 누군가에게 도움을 준다는 것은 또 다른 활력이 되기도 한다.

코로나는 사람들의 생활에 많은 변화를 주었다. 불행히도 그 변화는 행복이 아닌 고통이었다. 통선 역시 코로나의 영향에서 무사하지 못했다.

일은 단지 먹고살기 위한 생계 수단에 불과한 것은 아니다

"코로나가 터지고 안 좋은 점도 있고 좋은 점도 있어요. 원래 중국 어선이 6월, 12월에 많이 들어왔어요. 중국은 자국인이 외국 국적의 선박을 타게 되면, 그 배가 중국에 들어와도 외국인으로 취급받아 육지에 못 내리게 한다고 해요. 그래서 우리나라에 오면, 육지에 자주 내렸어요. 그들을 자주 태웠는데, 코로나 이후로는 못 들어오니깐 수입이 줄었어요. 그게 타격이 컸죠. 반면 상선들은 하선할 때 코로나 검사를 받아야 해서, 배가 수시로 왔다갔다 해요. 그래서 새로운 수입이 들어오기는 해요. 그래도 전반적으로 보면 마이너스죠."

'알베르 카뮈'가 쓴 『페스트』를 읽다 보면, '전염병에 걸린 사람을 돌보거나 전염병으로 죽은 사람을 묻는 일을 지원하는 사람이 나타나지 않을까 걱정하였지만, 많은 사람이 지원하였다'는 내용이 있다.

"외국인들을 태우고 있지만, 이들이 코로나에 걸렸을지도 모른다는 불안감이 있어요. 큰 배를 타는 사람들은 백신이라도 맞지만, 우리는 그런 게 없어요. 그냥 개인이 알아서 맞아야죠."

뉴스를 통해 코로나 해외 감염 사례를 들었을 테지만, 그럼에도 불구하고 생존이라는 현실 앞에 코로나라는 두려움을 떨쳐버린 듯했다.

우리나라의 광산산업이 사양길에 접어든 건 자원 고갈 때문이다. 원양산업도 마찬가지이다. 최근 30년간 수산업의 성장 기세를 살펴보면, 어업인구는 1963년도 55,565명에서 1992년도 18,944명으로 절반 이상 줄었다. 우리나라뿐만 아니라 전 세계적으로 어자원이 고갈되고 있다. 게다가 최근에는 지구온난화 등 해양환경 변화로 인해 남쪽에서 해류가 강하게 유입되고 있어 어족자원이 변화하는 추세이다. 우리나라는 1990년대부터 어자원 고갈에 대비하여 남획을 금지하고 조업의 방식을 바꾸고 어선의 숫자를 제한하는 등의 다양한 대비책을 마련했지만, 아직 역부족이다.

"통선 사업이 안 좋아지는 근본 이유는 어족자원이 부족해서죠. 고기가 많이 있어야 어선도 늘어나고, 그러면 승선하는 사람도 늘지 않겠어요?"

자연환경에 영향을 받지 않는 산업은 이제 없다. 농업, 수산 등과 같은 1차 산업은 자연환경에 특히 민감하다.

"어선들 조업이 잘 되어서, 통선 사업도 번창했으면 좋겠어요."

부산항만공사 주위 전경

코로나로 인해 마스크를 쓴 모습을 대해야 했지만, 안경 너머로 보이는 이동식 대표의 눈빛은 요동치는 바다를 담고 있었다. 육십을 넘어 이제 은퇴를 준비해도 되었건만, 그에게 통선은 직업을 넘어선 '삶'이었다.

"예전에는 돈 대신 생선으로 뱃삯으로 하는 통선 선장님도 있다고 들었어요."

취재를 마친 뒤 통선(通船)이라는 말에는 단순히 배와 배 사이를 오고 가는 이상의 그 무엇이 있다고 느꼈다. 동생의 대학 진학을 뒷바라지하기 위해, 처자식의 평안한 삶을 위해, 각기 저마다의 과거와 미래를 태워 실었다. 그리고 돈이 없는 사람들의 사정까지도 태우기도 했다. '사람과 사람 사이의 정마저도 통하는 것이 통선이 가지고 있는 의미이지 않을까?' 되새겨보았다.

작가

조선공학을 전공으로 하여 1990년에 졸업한 이후
통영 신아조선과 STX 중국 대련조선소에서 각각 10년 정도 근무하고
이후 다른 조선소의 선박 관련 업무를 보는 등
지난 30년간 선박블록 제작, 의장, 생산관리, 기획 등등
조선 관련 전반적인 일을 해왔다.
지금도 조선소에서 일을 하고 있다.

영도 수리조선소와
인간의 애환

서경원

조선소 근로자의 생활

"오늘도 걷는다마는 정처 없는 이 발길~ "

〈나그네 설움〉 노래 가사 같은 애환을 가진 수리조선소 근로자를 생각하면서 오늘은 마음먹고 물 하나 배낭에 넣고 봉래산에 올랐다. 영도를 비롯하여 부산항을 한눈에 내려다 볼 수 있는 해발 396.2미터의 봉래산 정상에서 대평동 일대를 내려다본다.

필자는 조선공학을 전공으로 하여 1990년에 졸업한 이후 통영 신아조선과 STX 중국 대련조선소에서 각각 10년 정도 근무하고 이후 다른 조선소의 선박 관련 업무를 보는 등 지난 30년간 선박블록 제작, 의장, 생산관리, 기획 등등 조선 관련 전반적인 일은 다 해보았다. 지금 생각해보면 아이러니하게도 내가 오랫동안 몸담았던 통영 신아조선소와 STX 중국 대련조선소가 모두 문을 닫았다는 것이다. 이들 두 조선소에서 청춘을 다 보내고 나니 어느덧 나이는 들고 조선 경기는 갑자기 나락으로 떨어진 상황을 맞으면서 호경기 시절의 추억만 눈에 아른거린다. 중국에서 쫓기듯 한국으로 들어와 다른 조선소에서 잠깐 일하다 영도에 있는 모 조선소에서 4년간 일했다. 하지만 소속 회사의 운영자가 조선해양산업의 롤러코스터 같은 특성을 잘 모르는 상황에서 회사를 운영하는 동안 조선 산업이 침체기에 들어가면서 결국 회사 옷을 벗을 수밖에 없었다.

봉래산에서 내려다보니 내가 몸을 담았던 회사의 대형 크레인과 도크가 한눈에 들어온다. 지난 4년간 그곳에서 인생 후반기를 보내겠다고 다짐했건만 생각지 않게 그만두게 되니, 그동안 땀과 노력을 함께 했던 동료 근로자들의 얼굴이 하나씩 떠오른다. 호황기에는 밤낮없이, 불황기에는 살얼음 같은 하루하루를 보내는 사람들. 하지만 조선업이 우리나라 수출산업의 주요 업종이라는 특성이 있기에 눈과 비바람을 온몸으로 받아들이며 생활하는 우리는 언제나 형제처럼 지내왔다. 다들 어느 곳에서든 잘 지내기를 봉래산 할미에게 빌어본다. 봉래산 할미는 욕심이 많단다. 그래서 영도로 들어오는 사람 좋아하고 나가는 사람은 싫어해 영도를 빠져나가 살면 제대로 기를 펴지 못해 기어이 다시금 영도로 들어오게 한다는 속설이 있는 곳이다. 그래서 그런지 나 또한 아직 영도를 벗어나지 못하고 있고 나가기가 왠지 꺼려지기만 한다.

롤러코스터 같은 조선해양산업

조선업이란 해양운송, 해양자원개발, 군사용 전함, 군수물자 조달용 등을 위한 배를 조선소에서 제조, 가공, 조립하는 일에 대한 전반적인 업무를 하는 제조업에 속한다. 좀 더 쉽게 구분하면 상선, 어선, 함정, 특수 작업선 등을 건조하거나 수리하는 업이다. 조선업은 새로 배를 만드는 신조 업무와 배를 수리하는 수리조선 등 크게 두 분야로 나누어진다.

1910년대 영도 대평동 해안과 조선소 모습

하지만 우리나라는 해방 이후 곧바로 한국전쟁이 일어나고 이후 10년 가까운 세월 동안 한국의 모든 경제가 대부분 원조에 의존하여 왔기 때문에 기술집약적 산업인 조선업이 발달할 수 있는 기반이 거의 없었다. 그나마 해방 이후 한국에 남겨진 일본 선박들과 한국전쟁으로 인하여 우리나라에 왔던 선박들을 수리한 경험들을 바탕으로 1960년대에 거의 걸음마 수준에서 출발했다. 다행히 영도에는 1900년대 초반부터 시작된 조선철공업을 기반으로 대평동, 봉래동 해안을 중심으로 한 조선업이 크게 발달하여 있었고 마침내 1937년 7월 10일 현 한진중공업의 모태인 조선중공업주식회사가(朝鮮重工業株式會社)가 설립되면서 그 야말로 일제강점기 시기 한반도 조선중공업의 메카가 된 곳이다. 비록 해방과 동시에 조선업 전문기술진이었던 일본인들이 돌아갔지만 그들 밑에서 눈썰미를 키운 전문가들이 서서히 육성되고 있었다. 그들이 이 땅에 남겨진 일본 선박들과 한국전쟁 시기 외국 선박들을 수리하면서 나름 초보적인 기술부터 다져 나가면서 1970년대 경제개발 5개년 계획에 의한 조선중공업 육성정책에 따른 대규모 조선소 건설의 길라잡이 역할을 한 것이다.

특히 건설업으로 기반을 닦은 정주영 회장이 1972년 3월 울산 미포만에 현대중공업 울산조선소를 건립한 것은 우리나라 조선산업의 커다란 획을 그은 사건이었다. 당시 우리나라 조선업의 실태는 영도 대한조선공사가 건조한 1만 7천 톤급이 최대 규모였을 뿐 아니라 건조 능력은 연간 19만 톤에 불과하여 세계 점유율 1%에도 미치지 못하던 시절이었다. 게다가 당시 한국을 견제한 일본으로부터의 협력도 무산되자 정 회장은 미포만 백사장 지도와 5만분의 1 지도 한 장, 그리고 26만 톤급 유조선 도면 한 장을 들고 영국 버클레이 은행과 수출신용보증국, 그리고 외국 선주들을 설득하러 다녔다. 세계 조선 사상 유례가 없는 최단 공기 내 최소 비용으로 초대형 조선소와 두 척의 유조선을 동시에 건설하겠다는 사업 내용도 펼쳤다. 당시 한 고위공직자가 '현대가 조선업에 성공을 하면 내가 손가락에 불을 켜고 하늘로 올라가겠다'는 비아냥대기도 했던 일화가 유명했다. 하지만 그의 모험은 1974년 6월 28일 울산중공업 준공식을 겸한 유조선 두 척의 명명식이 국가적인 행사로 진행되면서 그간의 우려를 말끔히 씻게 되었다. 당시 정 회장은 거북선이 그려진 5백 원짜리 지폐를 활용했다는 신화 같은 이 야기도 곁들여진다.

1966년 8월 발행된 500원 지폐의 앞면(위)과 뒷면(아래)
정주영 회장이 유럽에서 유조선 수주를 할 때 사용했다는 이 지폐는 1975년 5월 발행 정지되었다.

오랫동안 한국 조선업의 견인차 역할을 했던 일본이 그동안 우후죽 순격으로 조선업을 발전시키며 1980년대 조선산업합리화 정책을 시 행하기 시작했고, 우리나라는 상대적으로 조선업 호황기를 맞게 되었 다. 물론 당시 일본에서 중대형 어선들의 신조선 붐이 일면서 폐선박으로 처리될 중고 어선들을 대량으로 한국에 들여오는 바람이 일면서 아이러니하게도 그들의 선박 신조 자금을 우리가 도와준 격이 되기도 했다. 일본이 조선산업합리화 정책을 펼치는 동안 한국은 1973년 건립된 대한조선소 옥포조선소(대우해양조선의 전신)와, 1977년 거제 고현만에 건립된 삼성조선소(현 삼성중공업) 등이 현대중공업과 함께 큰 호황을 맞이하기도 했다. 오늘날 한국 조선의 빅 3가된 이들 조선소의 1980~1990년대 호황은 마침내 2000년 1월 수주잔량 기준으로 세계 1위의 자리에 오르기도 했다. 하지만 2005년 이후 중국의 조선업에 대한 대규모 투자와 2008년 세계 금융위기로 인한 조선 물동량 급감과 선박공급 과잉 등이 맞물리면서 세계 조선업 시장이 침체되고, 이어서 2014년 유가급락과 2016년 세계적 선박 발주 감소 등으로 인해 지난 5년간 유래 없는 조선업 침체에 들어가게 되었다. 하지만 2021년도 새해 벽두부터 해외에서 선박 수주와 관련한 희소식이 전해지면서 조선해양강국의 새로운 도약을 기대하고 있다.

철저한 주문생산 방식에다 노동집약적인 조선업은 마치 바다의 파도와 같이 예측할 수 없는 업종이다. 게다가 외화로 수주를 받는 데다 수주 후 대금 회수까지 2~3년이 소요되는 데다, 건조 이후 선주의 마음이 바뀌기도 하는 등 그야말로 예측불허의 도박판과 같은 산업이기도 하다. 하지만 3면이 바다로 둘러싸인 우리나라 지형적 특성상 반드시 지켜야 하는 산업인 데다 우리나라 수출품 목록 최상단에 차지하는 만큼 결코 포기할 수 없는 산업이 되었다.

수리조선소의 일상

　수리조선소에서는 선박을 수리하기 위하여 레일, 대차(臺車), 윈치를 이용하여 바다에서 육지로 선박을 끌어 올리는 설비를 통틀어서 선대 (船隊)라 한다. 이들 장치 위에 배를 올리는 것을 상가(上架)라 부르는데 상가 준비는 배의 형태나 선형에 따라 선대 대차 간격을 조절하고 선대 대차 위에 나무로 된 반목을 설치한 후에 선대 대차를 바다에 내린다.

수리선이 선대 위에 올려진 모습. 도크 위의 선대에 선박이 수평으로 정확이 설 수 있도록 하기 위해 고도의 기술을 필요로 한다.

선박수리가 한창 진행 중인 모습. 안전하게 작업할 수 있도록 선체 전체에 비계를 빙 둘러싸고 있다.

상가는 예인선으로 수리 선박을 선대로 유도하여 바다에 내린 선대 대차 반목 위에 수리선박을 세팅(setting)시킨다. 이때 정위치에 세팅(setting)이 되었는지, 수중부 상태를 확인하기 위하여 위험을 무릅쓰고 다이버(잠수사)가 바다로 들어가서 수리 선박 및 대차 등을 살펴본다. 이후 다이버의 확인 신호에 맞춰 선대에 있는 윈치로 와이어로프를 감아 선대 대차에 태운 수리 선박을 육상으로 끌어 올린다. 육상으로 올라온 수리 선박은 본격적으로 수리 작업이 시작되고 육지에 올라와 있는 동안 수리 관련 일을 모두 다 해야 한다. 선체 외판의 고압세척 및 클리닝 작업을 한 후에 수차례에 거쳐 도장작업을 한다. 그리고 사람의 심장과 같은 배의 기관 공사 및 축계 관련 공사 등을 하게 된다. 중요한 것은

도크 위로 올려진 수리선 하부의 선대. 바다 위에 떠 있던 배가 수리를 위해 도크 위로 올리는 동안 레일 위에서 수평을 정확히 유지하도록 아랫부분에 나무를 정교하게 켜켜이 쌓는 고도의 기술이 요구된다.

수리조선소에는 항상 다음 배가 예약되어 있기 때문에 다음 배 상가(上架)를 위해서 정해진 기간 안에 모든 수리 공사를 끝내고 하가(下架)를 해야 한다. 수리 공사에 투입된 사람들은 상가, 하가 일정이 정해져 있기 때문에 사적인 모든 일들은 제쳐 두고 하가 일정을 맞추기 위해 땀범벅이 되면서 지금 이 시각에도 촌각을 다투면서 일하고 있다.

현재 영도 남항동, 대평동에 밀집해 있는 수리조선소들은 대형이나 중형 선박들은 여러 가지 제약 때문에 수리작업을 할 수 없고 주로 소형 선박들이 주류를 이룬다. 과거에는 선박 기관이나 주요 부품을 조선소에서 직접 수리하기도 하였는데, 지금은 분야별 다른 기술자들을 불러 수리하거나 대평동에 있는 전문 공장에 맡긴다. 시대가 흘러 거의 모든 부분이 자동화, 첨단화, 인공지능화되어도 선박 수리 작업은 아직도 사람의 손이 많이 필요하다. 그야말로 분야별 노동집약적 산업이다. 특히 선령이 오래된 선박의 엔진이나 축계 관련 작업, 선체 외판 녹제거 등, 사람의 손이 필요한 영역이 있는 한 대평동 선박 기술자들의 두 손은 멈추지 않을 것이다.

한국 근대조선의 출발지 영도 대평동

부산항 근대 개항 이후 일본은 1890년대에 이미 우리나라 동해와 남해안에 대한 어족자원 조사를 실시하고 이를 바탕으로 일본 어선들이 우리나라 해역에 대거 진출하여 고기를 잡았다. 1900년대 초에 영도는 이들 일본 어선들의 어업 중심지가 되었다. 그들은 바람을 피하고 조업을 기다리기에 적합했던 남항동을 어선 수리와 식수를 공급받는 전진기지로 이용하면서 남항동에는 조선소나 선박 관련 업체들이 많이 들어서게 되었다. 1890년 다나카(田中)에 이어 1892년 나카무라(中村)라는 일본인 조선업자가 자갈치 해안에서 목선 제조업을 시작하였다.(일부 기록에는 일본인 다나카 와카지로(田中若次郎)과 그의 아들 다나카 키요시(田中淸)이 1887년 현 대평초등학교 자리에 설립하여 1897년 대풍포로 옮겼다 한다) 그러다 부산항을 중심으로 한 어획고가 점차 늘어나고 엔진 동력을 이용한 선박기술이 도입되면서 영도 대평동에 조선철공소를 설립하게 되었다. 이로 인해 영도 대평동이 대한민국 조선산업의 발생지가 되었다.

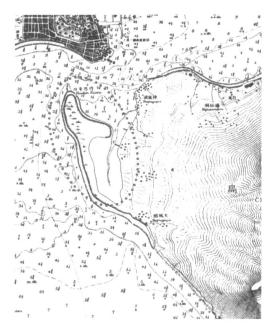

[지도 1] 1904년 발행 「부산항」 해도의 「영도」.마치 갈고리 형태의 만(灣)을 이루고 있다.

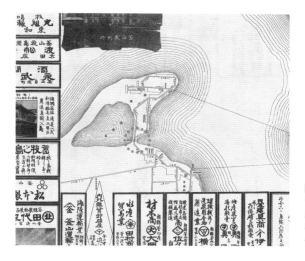

[지도 2] 1911년 발행
『부산시가전도』의 「영
도」. 1907년 (灣)의 동쪽
부분이 연결된 모습을 볼
수 있다.

[지도 3] 1919년 발행
『부산안내도』의 「영도」.
만(灣)의 동쪽 부분 매축
공사를 진행한 것을 볼
수 있다.

[지도 4] 1920년 발행
『부산부지도』의「영도」.
1919년 지도와 만(灣)의
형태가 다른 모습으로 나
타나 있다.

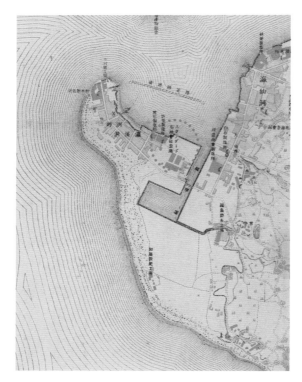

[지도 5] 1924년 발행
『부산』의「영도」.만(灣)
의 동쪽 부분 일부 추가
매립한 것을 알 수 있다.

[지도 6] 1933년 발행
『부산남부지도』의 「영
도」,만(灣)의 동북쪽 부
분에 추가 매립이 이루어
졌다.

[지도 7] 1934년 발행
『영도대교 준공도』의
「영도」,만(灣)의 서쪽에
물길을 트여 놓았다.

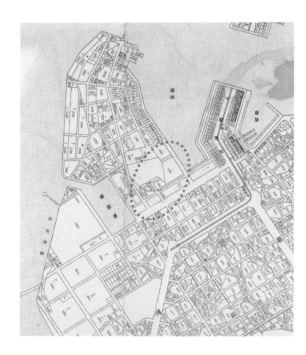

[지도 8] 1941년 발행
『부산남부지도』의 「영
도」. 만(灣)의 남쪽 부분
을 추가 매립으로 현재와
같이 완성됨.

　원래 대평동 해안은 일본인들이 주갑(洲岬)이라 부르던 갈고리 형태
의 만(灣)을 이루고 있었다. 이곳을 1907년 만(灣)의 동쪽 부분을 남항
동 북서쪽과 연결하는 갯벌 일부를 매립하는 공사를 시작했다. 이후
1916년부터 1926년까지 대대적인 매축공사를 시작한 후 1940년까지
수차에 걸친 추가 매립공사 등을 통해 오늘날 대평동 지형이 탄생되었
다.
　이 대풍포 매축공사가 진행되는 동안 대풍포(대평동) 인근에 1921년
5월 조선총독부 칙령으로 총독부 직할 수산시험장도 설립했다. 이렇
게 일제강점기 일본인들이 한반도 주변 어족자원을 수탈할 목적으로

어업과 조선업의 전진기지를 영도 대평동에 조성한 것이다.

뿐만 아니라 1926년에는 영도의 일본인 조선업자들이 지금의 봉래동 대선조선주식회사 일대에 조선소 부지 확보를 위한 매축공사를 조선총독부에 건의를 하여 실현하기도 했다. 이 봉래동 대선조선 주변 해안 매축공사는 당시 대평동 일원에 자리하던 조선공업들이 봉래동 주변으로 이전하는 계기가 되었다. 이후 1937년 7월 지금의 봉래동 한진 중공업 자리에 조선중공업(주)가 설립되면서 오늘날까지 우리나라 조선공업의 중요 거점지로 성장하게 되었다.

1910년경 영도 봉래동 현 대선조선 일대 해안. 한가한 어촌 풍경이 1920년대 일본인 조선업자들에 의해 조선소 부지로 변했다.

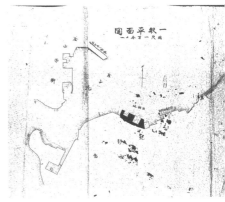

1926년 3월 목도 영선정지선 해안매립 평면도. 봉래동 해안을 매립하고자 조선총독부에 청원을 넣은 도면

한편 영도가 공업단지로 번성하는 과정에 유곽(遊廓)도 함께 번창했다. 영도의 유곽 역사를 1900년경으로 보고 있다. 영도 유곽은 봉래 1동 해안가와 대평동 두 곳으로 대별되는데 원래부터 유곽으로 시작된 것이 아니라 손님을 접대하던 요리점 작부(酌婦)들이 결국 창부(娼妓)가

되면서 유곽으로 변하게 되었다 한다. 이렇게 영도가 부산의 배후공업 단지로 변하는 과정에 이런 유곽 유흥업도 함께 성장한 것이다. 1930년 영도에는 50곳의 유곽이 성행했다. 당시 영도에는 기루(妓樓)라 부르던 요릿집을 겸한 유곽이 대평동 지역에만 15곳이 성업하고 있었다. 해방 이후 다나카 조선소를 비롯한 대평동에 산재한 조선소를 불하받은 우리나라 사람들은 자체적인 기술개발을 통해 깡깡이 마을을 1970~1980년대 수리조선업의 메카로 키웠다.

선박의 녹을 벗기는 일로 삶의 때를 벗은 깡깡이 아줌마들

1960년대 후반부터 강선(鋼船)이라 부르는 강철로 만든 선박들이 서서히 등장하기 시작했다. 당시 원양어선뿐 아니라 수출입 화물선들로 일본에서 중고선으로 도입되어 오거나 한진중공업의 전신인 대한조선공사에서 건조한 선박들이었다. 이들 선박들이 영도의 각 조선소에 들어옴으로써 선체 외판과 탱크 내부 등에 있는 해조류, 녹, 페인트 제거를 망치로 두들기고 사포로 문질러 떼어내는 소위 깡깡이 작업이 본격적으로 시작되었다. 당시 영도는 대평동뿐 아니라 봉래동 해안에도 조선소들이 있어 당시 특별한 일거리가 없던 중년 여성들에게는 큰 일감이 되었다.

이 깡깡이 작업을 하는 아지매들이 선체 외판을 구석구석 다듬기 위해 일명 족장(足場, 요즘은 발판 또는 비계라 함)이라 불리는 나무 널판지에 앉거나 그네 모양으로 배에 매달려 지상 5~10m 높이에서 작업을 했다. 이 널빤지를 내리는 작업은 보통 2인 1조가 되어 양옆에서 수평을 이루며 작업하는데, 만약 한 사람이 갑자기 일어서서 균형을 잃게 되면 옆 사람이 낙상사고를 당하게 된다. 그래서 일단 작업이 시작되면 화장실에 가고 싶어도 휴식 시간이 될 때까지 무조건 참아야 했다. 작업에 들어가기 전에는 목이 말라도 물을 마시는 것을 금하는가 하면, 초보자들은 기저귀를 몇 겹씩 차고 일하기도 했다. 때로는 배 밑바닥이나 탱크 안에 직접 들어가서 작업을 했다. 배의 탱크 안에서 작업하는 경우 가끔 질식사고가 일어나기도 했다.

이렇게 깡깡이 작업은 선박 외판작업이나 내부 탱크 안 작업 모두 위험이 도사리는 작업이었다. 이 일은 단순 반복 작업이어서 남자들이 꺼려했고, 게다가 여성들은 남자보다 적은 임금에도 서로 하려고 나섰다. 도심지역 여성들이 봉제공장, 신발공장, 혹은 수예 일감을 찾아다닐 때 영도 지역에서는 일반 도심에서 생소한 깡깡이 작업을 했던 것이다. 특히 어린아이들을 키우고 있던 여성들로서는 비록 고된 일감이지만 집 가까이에서 일을 할 수 있어 휴식이나 점심시간에 짬을 내어 아이들을 돌볼 수 있다는 장점이 있어 선호하기도 했다. 당시 배의 외판을 두드릴 때 '깡깡' 소리가 난다고 해서 이 작업을 깡깡이(또는 깡깡이질)라 불렀고, 소형 수리 조선업을 주로 했던 대평동을 '깡깡이 마을'이라는 명칭으로 더 많이 불렸다. 당시 작업 환경은 아주 열악한 탓에 추락이나 낙상, 질식 등의 사고가 자주 일어났으며, 깡깡이 아지매들은 지금까지도 망치질 소리와 온갖 쇠 먼지 속에서 쪼그리고 앉았다 일어섰다 하거나 장시간 한 자세로 일한 탓에 깡깡이 아지매가 아닌 'ㄱ'자 깡깡이 할매가 다 되어 있다.

1988년 깡깡이 작업. 선박에서 줄에 매달아 내린 나무판 위에서 아슬아슬하게 작업하던 시절의 모습이
다. 휴식 시간이 되기 전까지 내려가거나 올라가지 못하는 고달픔이 있었다. (사진 촬영 : 제경성)

현재의 깡깡이 작업. 나무판 위에서 아슬아슬하게 작업하던 시절에서 많이 바뀌었다. 요즘에는 고소차를
타고 그라인더 등으로 녹을 벗겨내고 틈새나 모서리 부분에 깡깡이 질로 마감을 한다.

수리조선소의 하루 일과는 아침 8시부터 시작되지만 그 전에 출근하여 개인 작업 준비를 미리 해야 하고 작업반장으로부터 오늘 하루 어떻게, 어디까지 해야 한다는 작업배당을 받고 현장으로 투입되어 하루 일과를 시작한다. 쇠망치를 들고 선체 외판에 매달려서 쇠판을 두드리면 무엇보다 쇠끼리 부딪쳐 울려 퍼지는 깡깡깡 소리와 진동, 그로 인해 사방으로 튀는 파편 등으로 조금만 지나면 얼굴과 몸 전체에 녹청 부스러기 파편을 뒤집어쓰게 된다. 이로 인해서 팔이 저리거나 온몸이 쑤시는 등 몸 전체가 한없이 저려온다. 여름에는 열 받은 쇠판을 마주하다 보니 바닷가 땡볕에 얼굴은 금방 붉어지고 온몸이 땀에 뒤범벅되고 만다. 마찬가지로 겨울에는 바닷가 칼바람을 맞으며 작업을 하다 보면 추위와 바람에 시달려 녹초가 되어 버린다. 처음에는 손이 붓고 팔이 저려 움직이는 것도 힘들지만 자주하고 익숙해지면 몸이 순응되어 평상시와 다름이 없어야 일꾼으로서 제 몫을 다하게 되는 것이다.

　깡깡이 아지매들이 이 모든 것을 감내하고 온몸이 골병드는 작업을 계속했었던 이유는 가족을 부양하고 자식을 공부시키고 보다 나은 내일을 꿈꾸기 위함이었다. 그들은 이 모든 위험을 감수하면서 생활했다. 그들 대부분은 수십 년씩 많은 시간을 인고의 노력으로 참아내고 묵묵히 깡깡이질을 하였다. 먹고살기 위해 깡깡이 작업을 해야만 했던 아지매들은 철선 내외부의 녹을 벗겨내며, 그들의 삶의 때를 벗긴 것이다. 그들의 망치질로 선박이 새로이 태어나듯 그들의 삶도 점차 안정을 찾았다. 30~40대부터 남편의 무능력, 혹은 홀로 자식들을 부양하기 위해 때로 불덩이 같고, 때로 차디찬 얼음장 같은 철판을 두드리는 그들의 삶은 억척 그 자체였다. 비록 강도 높은 노동 현장이었지만 30년 이상 종사했던 여성들도 여럿 있다. 현재 60대 중반 나이에도 깡깡이 망치를 놓지 않는 분들도 있다.

지금은 깡깡이 망치에서 그라인드로 주 작업 도구가 바뀌었고 기계화로 인해 작업 시간도 많이 단축되고, 보호안경, 방진마스크, 안전화 등을 착용하고 예전보다는 좀 더 나은 작업 환경에서 일을 하고 있다. 깡깡이 아지매에서 지금은 깡깡이 할매가 다 되어버렸고 이들을 대신할 사람들이 점점 없어진다는 사실이 서글퍼진다. 깡깡이 마을이 전성기 때인 1970~1980년대에는 영도에 사는 사람들 대부분이 선박 관련업에 종사하는 사람들이었다. 영도의 대평동, 대교동, 남항동, 봉래동, 신선동, 영선동 일대는 골목마다 사람들로 인산인해를 이루었고, 이로 인해 방 한 칸 구하기도 만만치 않았다고 한다. 그러다 보니 지금의 초등학교인 국민학교는 당시 오전, 오후반으로 나누어 2부제 수업을 하는 형편이었으며, 이에 따라 중학교, 고등학교 학생들도 꽤 많았다.

영도에서 못 구하면 대한민국에서 못 구한다

신조든 수리조선이든 조선업은 근대 부산의 산업 원동력으로서 큰 비중을 차지했다. 조선업을 바탕으로 연근해뿐 아니라 원양어업 등과 같은 수산업, 그리고 수출입 화물선들의 활발한 움직임이 있는 것이다. 지금 부산의 수리선 산업은 영도뿐 아니라 구평, 다대포로까지 퍼졌다. 영도에는 중대형 선박을 수리할 수 있는 공간이 부족하기 때문이다. 하지만 수리선 관련 업종은 영도에 집약되어 있다. 1990년 한·러

수교 이후 러시아 선박들이 수리를 위해 영도를 많이 찾았다. 한동안 비용 문제로 중국에 넘겨주었지만 기술력이 뒷받침하지 못한 중국의 한계를 경험하고는 다시 영도로 몰려들고 있다. 선박 수리는 러시아 선원들이 한국의 문화를 체험하는 계기가 되었고, 그들로 인해 초코파이와 마요네즈가 세계적 상품으로까지 발돋움했던 것이다. 기술이 문화와 상품을 전파하는 힘이 된 현장이 영도의 수리선 산업인 것이다. 한때 서울 청계천은 팬티 바람에 들어가서 탱크를 몰고 나온다는 말이 있듯이, 영도 대평동은 팬티 바람에 들어가서 잠수함을 몰고 나온다는 말이 나올 정도이다.

산업발달의 변화로 조선산업 중 첨단이나 기술집약적 수요가 있는 업종은 살아남고, 인력 위주나 노동 집중적인 분야는 쇠퇴를 맞이하여 깡깡이 일도 이제는 몇 명 되지 않는 사람들에 의해 겨우 명맥을 유지하는 상황이 되었다. 기억의 저편으로 넘어가는 그것을 아쉬워하며, 어떻게든 기억에 남기고, 앞선 사람들의 노고를 잊지 않기 위해 이를 기록으로 남기기도 한다. 특히 영도 구민과 수리조선소에서 일하는 깡깡이 아지매를 비롯해서 관련 일꾼들이 많은 노력을 기울이고 관련 행사를 주기적으로 하는 것을 볼 수 있다. 이들이 있었기에 대평동 수리조선업이 존재, 발전할 수 있었고, 전성기를 누릴 수 있었으며, 이들이 대한민국의 조선 산업을 앞당긴 드러나지 않는 주역이었다는 것을 누구도 부인하지 못할 것이다. 이것을 한눈에 알 수 있는 것은 대평동 대동대교아파트 4층 벽면에 있는 그림이다. 독일 출신 유명 작가가 수리조선소에서 녹이 슨 배의 표면을 제거하던 영도 깡깡이 아지매들의 강인하고 고된 삶을 벽면에 스프레이 페인트로 그려 놓았다. 주름진 얼굴, 희끗희끗한 머리의 할머니 얼굴, '우리 모두의 어머니(Mother of Everyone)'이다. 깡깡이 업에 종사하는 아지매에서 마지막 남은 청춘을 바친, 이제는 할매가 된 아지매의 그림에서 작가는 가장 평범한 인물을 통해 영도 수리조선소의 지역 정체성을 보여주며 현재 수리조선소에 있는 사람들의 애환을 현실적으로 표현한 것이 아닌가 하는 생각이 든 다.

  선박 수리 산업의 전성기 때 나온 말이 생각이 난다. "영도에서 못 구하면 한국에서 못 구한다", 이 말은 영도가 선박수리 관련 업체가 얼마나 많고 인프라가 얼마나 잘 구축이 되어 있는지를 알 수 있는 말이 다. 점점 맥이 끊겨 가는 깡깡이 아지매처럼 영도 선박 수리산업이 쇠퇴해지지 않기를 바라는 마음이고 더 나아가 미래의 일자리로 지속 가능하기를 바란다.

1968년 대한조선공사 선박 수리 모습

1990년 한진중공업으로 명칭 변경 후 1992년 모습

2. 바다 위에서 사는 사람들

시나리오 작가

부산민예총 사무총장을 역임하였고,
시나리오 작가로 활동하고 있다.
집필한 작품으로는
『너 붉은 사랑』, 『동희호테오』, 『마이갓뎅』, 『우리이야기』 등
다수가 있다.

선원이 뿌리내릴 곳은
세상 어디쯤일까

반민순

    우리 나이로 올해 74살인 윤원근 씨(전국원양산업노동조합 정책처장). 통신사 자격증을 따고, 선원수첩을 발급받은 뒤, 첫 승선이 원양어선이었다고 한다. 26살, 돌도 씹어 먹을 나이라 했던가? 일생에 있어 육체적으로 최고로 팔팔한 나이. 미래에 대한 꿈과 희망도 육체만큼 팔팔했을까?

    그 당시 공무원이나 교사의 월급이 7~8천 원이었을 때, 원양어선을 타면 8만 원이었던 시절. 남을 속이거나 피해 주지 않고 최고의 자산인 자신의 몸뚱아리로 솔직하게 떼돈을 벌 수 있는 기회. 몰랐으면 모를까, 그 정보를 듣고 어찌 배를 타지 않을 수 있었을까.

전국원양산업노동조합 정책처장 윤원근 씨

그런데 그의 팔자는 보통 사람들의 팔자와는 너무나 달랐다. 각자의 삶을 이야기하라고 한다면 누군들 소설 몇 권 분량의 스토리가 없겠냐 마는, 윤원근 씨의 사연이 참말로 기구한 것이다.

"내가요, 연좌제에 걸려 희망 없이 살았어요. 일제강점기 때 우리 집안사람들이 일본 유학도 가고 했는데, 거 머라카노, 사회주의자가 많았거든요. 말하자면 빨갱이 집안인 거라. 취직하려고 신원조회 들어가면 다 나오는데, 뭐. 만사 포기하고 절에 들어가 있기도 했습니다. 내는 뭘 해도 안 되는 놈인 기라요."

통신사 자격증 역시, 그걸 따서 무언가 해보겠다는 생각으로 딴 게 아니란다. 군대 가기 전 태권도 학원에서 사범을 하고 있던 어느 날, 통신학원에서 '삐삐삐삐' 소리가 나서 기웃거리니 사람들이 그 소리를 들으며 글을 만들어내고 있더란다. 너무 신기하고 호기심이 동해서 그냥 한 번 시험을 쳤는데 붙었다나 뭐라나.

"남들은 3년 배우고 5년 배워도 합격하기가 어려웠거든. 그런데 한 달 공부한 놈이 시험 쳐서 걸렸다 하니 주위 사람들이 안 믿더라고. 30명 중에 12명이 붙었는데 거기 내가 들어갔으니, 뭐, 운이 좋았던 거지."

예비고시, 본고시가 있었는데 그렇게 예비고시에 걸리고선, 따봤자 써먹을 수도 없을 텐데 싶어 그 길로 통신공부는 끝. 군대를 갔고 어찌

어찌 삽보다는 펜을 굴리는 곳에 배치를 받아 군 생활을 하고 있으니, 시간이 남아돌아 통신공부를 다시 하고 휴가 때 나와 통신사 본고시를 쳤다는데.

"어라? 또, 딱! 붙어버리네?"

이미 지난 시절이니 가볍게 말하지만, 그때 자신의 처지에 대한 암담함과 절망이 왜 짐작되지 않을까. 그렇게 딴 통신사 자격증으로 기술자가 되어 돈 많이 번다는 원양어선을 탔단다. 아! 여기서 잠깐 짚고 넘어가자. 그 머시라했나. 신원조회만 하면 걸리기 때문에 어떤 곳에도 들어가기 힘들었다면서 선원수첩을 어떻게 만들어 배를 타게 되었을까?

"수첩을 만들려고 신원조회를 하니 또 안 되는 거라. 고향 군수, 부산 시장, 비서실, 청와대 등 편지를 안 보낸 곳이 없어요."

쓰는 종이만 아깝지, 아무리 딱한 사정 말해봤자 '어느 집 개가 짓나'하며 귀 후벼 아무 곳에다 귀청 버리듯이 누구 하나 귀 기울여주지 않았다.

"그러다가 친구 여동생이 경찰서에 근무했는데 어찌어찌해서 선원수첩을 만들었더라고. 남들은 쉽게 되는데 나는 이거 하나 만드는 게 왜 그리 어렵던지..."

허걱. 이런 거 써도 될
란가? 그 친구 여동생 괜
찮을란가? 하긴, 그분도
70이 넘은 할매일 텐데,
그거 가지고 시비 걸 놈
(?) 없겠지? 쪼잔하게시
리 말이다.

원양어선에서 작업하는 선원 ⓒ전국원양산업노동조합

그렇게 26살에 원양어
선을 타기 시작해서 30여 년을 오대양을 누비고 다녔다. 이제 겨우 백
일된 토끼 같은 자식과, 여우는커녕 제대로 먹지 못해 산후조리는 언감
생심인 메마른 여인을 땅에 남겨두고 말이다.

"배가 어딨어. 우리나라에는 배가 없었어. 145톤의 조그마한, 그런
배들. 박정희 대통령이 일본에는 타지도 않는 녹슨 고물 배를 싸게 가
져오고, 대신 한국어선에서 잡은 고기는 일본에 대주기로 하면서 배를
가져왔는데. 145톤 배는 돛단배거든. 겨우 앞바다 정도 갈 수 있는 배
를 타고 태평양을 나갔으니, 마, 목숨 내놓고 가는 거지만. 그것조차도
실감이 안 나더라고."

고려 73호. 윤원근 씨가 탄 첫 배의 이름이란다. 24명의 선원이 고
려 73호를 타고 사모아로 나갔다. 태평양을 건너기 위해서 족히 한 달
을 항해해야 하는 까마득히 먼 그곳.

"배를 타고 가면 파도
가 치잖아요. 파도가 올
라가면 배도 따라 올라가
고 파도가 내려가면 배도
따라서 '좌좌좌좌' 내려
갑니다. 그라고 있는데,
선원이 와서 배에 물이
샌다고 해서 가보니 침
실 옆에 구멍이 나 있는

원양어선에서 작업하는 선원 ⓒ전국원양산업노동조합

기라요. 배 수리하면서 그걸 잘 못 본 거죠. 파도가 계속 치니까 구멍이
점점 커지는데, 파도 위로 올라갈 때는 괜찮은데 내려갈 때는 바닷물이
뿡뿡뿡뿡 들어와서. 그래서 담요를 그 구멍에 쑤시 박았다니까"

뭐 이런 말도 안 되는 이야기가 있나. 거짓말 같다. 아무리 그래도
그렇지, 배에 구멍이 나 있는 것을 발견 못해서 그대로 바다에 내보냈
다는 이기 말이가 빵구가?

"그때는 '죽음에 대한 공포' 같은 감정조차 느끼지도 못해. '이제 죽
는구나, 큰놈 백일 되는 것 보고 원양어선을 탔는데. 나 죽으면 보상금
으로 애랑 먹고살기야 하겠지'라는 생각이 가장 먼저 들더라고. 또 그
다음에 드는 생각이 '집에 가고 싶다'라는 생각. '땅에서 엿 장사를 해
도 장화 신고 갈 수만 있으면, 장화 신고 저 바다를 철벅철벅 걸어서 집
에 가고 싶다'라는, 그런 생각."

"그래도 통신장으로 일하셨으니, 선원보다는 상대적으로 편하시지 않았나요."

돌아오는 대답이 너무 예상 밖이다.

"사실 따긴 했지만, 그게 순이론만 외워서 소 뒷발질로 따다 보니 실습경험이 없어가 통신을 듣고 치는 실력은 완전 젬병 아입니까. 마음은 아프고 방법은 모르겠고, 그래서 늘 불안하고 비참했습니다. 통신으로 기상 날씨를 듣고 선장에게 늘 보고해야 했어요. 그건 또 어찌어찌 했지만요."

그러던 어느 날, 배가 딱 서버렸단다.

"기관이 고장 난 기라요. 그런데 기계를 고칠 수 있는 사람이 우리 배에는 없었어요. 근 일주일을 그냥 물결 따라 흘러가는 거지, 뭐. 근데 배가 고장이 났다고 연락을 해야 하는데 그건 내 책임이잖아. 나는 통신을 어떻게 해야 하는지도 모르는데. 참말로, 거기다 송신실이 밑에 있는데 물에 잠겨서 장비도 고장 나버렸지."

"엄마야, 그래서 어찌 됐습니까?"

그 상황이 무슨 그림처럼, 영화처럼 눈앞에 그려진다. 그는 자기가 책임자로서 고쳐야 했기에, 라디오에 들어가는 배터리로 어떻게 어떻게 해서 보조 통신이 되도록 겨우 만들었다고 한다.

"참치 잡으러 가면 원양어선끼리 서로 교신을 하거든요. 자기들끼리 방송을 서로 막 하는데, 나는 무조건 'SOS, SOS', 이것만 보냈지요. 그래, 이제 배들끼리 통신을 하다가 어디서 잡음처럼 무슨 소리가 들리니 '무슨 소린지 들어보자'하면서 서로 통신을 중단하고 내 SOS에 귀를 기울인 기라요. 그래서 또 어찌어찌 '우리 배가 기관 고장으로 어디어디에 있다' 정도로 간단하게 통신을 쳐서 다행히 근처에 있던 같은 회사의 고려 79호가 와서 배를 고쳤다 아입니까."

이건 정말 하늘이 돕지 않았나. 태평양 망망대해에 일주일을 떠 있었는데 바다가 그렇게 잔잔했다니.

"그게 두고두고 안 잊어집니다."

그런데 그 두려움을 이기고 항해를 끝낸 후 막상 육지에 닿으면 적응도 못하고 할 일이 없다고 했다. 어떤 사람들은 적응해보겠다고 호프집 같은 가게를 차리면서 장사를 해보지만, 배만 탔지 세상 물정을 모르니 거의 다 망했다고 한다.

"물론 착실한 사람은 돈을 벌었어요, 그래도 극소수라. 다방이나 술집에 가면, 옆에서 마담들이 '국장님, 국장님', 그렇게 애교를 떠는데. 물 쓰듯이 흥청망청, 부어라 마셔라, 선원 손에 물 마르면 돈 떨어진 거

물 위에서 떠도는 삶이란 ⓒ전국원양산업노동조합

라고 또 배 타러 나가는 거지.”

보통의 사람들은 땅에 뿌리를 내리고 싶어 헤매고 또 헤매지만, 아예 뿌리조차 내릴 수 없는 물 위에서 떠도는 삶이란 참 징글징글했겠다.

"〈국제시장〉이라는 영화 봤소? 거 보면 광부들, 뭐 간호사들, 참 비참한, 꽃 같은 청춘들이 돈 많이 준다니 지원해서 갔지요. 월남파병도. 물론 돈 벌라고 갔지만 고생을 얼마나 많이 했소. 그런데 그 사람들의 아픔이 있듯이 원양도 그 이상의 아픔이 있거든요. 더하면 더했지, 그보다 좋다고는 못해요. 지금이야 세상이 너무 바뀌었지만, 그때는 집에서 부모님이 돌아가셨다는 전보를 받아도 집에 갈 수가 없으니까 전보도 안 보여줍니다. 안 보여주다가 귀국할 때쯤 주기도 했어요. 배 안 타본 사람은 모릅니다. 안 겪어본 사람은 모른다니까요.”

사모아에서 3년, 사조에서 12년, 그 뒤 동원에 들어가 배를 타다가 53살에 배에서 내렸다고 했다. 그동안 겪은 일 중에 제일 기억에 남는 일 혹은 안타까운 일이 무엇이냐고 물어봤다.

"사모아 갔을 때인데 조리장이 마흔세 살쯤 되었나? 특별히 친하다거나 하는 사이는 아니었지만, 밥때가 되면 좁은 배에서 비틀비틀 걸어와서 나에게 밥을 갖다주고 했는데, 어느 날 아침에 보니 심장마비로 죽었어요. 피지나 사모아 등 우리나라 원양어선이 들어간 기지에는 묘지가 있다고요. 이국땅에서 죽어도 시신을 못 가지고 오니까 사모아 선원 묘지에 안치를 해야지, 뭐 어쩌겠습니까. 그리고 한참 세월이 지나서 배 타다가 죽은 사람들 유해라도 한국에 귀환시키려고, 지원 좀 받아볼라고 참 많이 뛰어다녔는데, 그 와중에 전화가 왔어요. 알고 보니 그 조리장의 딸이더라고. 그 딸이 시집가서 애 엄마가 되어서 아버지 유해를 모셔오고 싶다는 안타까운 사연을 이야기하는데, 그 말을 들으니 마음이 진짜 그렇더라고요."

"그리고 사조에 있을 때인데요. 사람이 죽기 전에 이상한 행동을 한다는데, 평소 말수도 없던 사람이 그날따라 그렇게 친한 척을 하면서 말도 많이 하고 그러더라고요. 이 사람도 밤에 자다가 심장마비로 죽었어요. 참 허망하지요. 젊은 사람이었는데… 또 동원에서는 이제 20살 넘었나. 실수로 선원이 물에 빠졌는데 3일을 수색해도 못 찾았어요. 사실 물에 빠지면 못 찾는다고 봐야지, 아직 어린애인데. 그런 일이 있으면 몇 날 며칠을 뭐, 술만 마십니다."

혹시 앞으로 하고 싶은 일이 있냐고 물어봤다. 눈이 반짝인다. 서독 광부나 간호사들의 기념관은 있는데 원양역사관이 없단다. 그렇지. 경제 중흥에 원양선원들이 그렇게 기여를 했다면 국가에서도 당연히 지

경제 중흥에 기여한 원양선원들 ⓒ전국원양산업노동조합

원을 하는 게 맞지 않을까? 배 몇 척으로 시작한 사조나 동원 등이 이렇게 대기업이 된 것도 선원들의 노동과 애환이 밑바탕에 있으니, 당연히 기업도 박물관 설립에 지원을 해줘야 할 텐데, 나 몰라라 하는 그들이 답답한가 보다.

"내가 비록 나이가 많지만, 그래도 하는 데까지는 우리 선원을 위해 뭘 할 수 있을까 고민하고, 거기에 도움이 되는 역할을 하고 싶습니다. 지금은 외국 선원들이 원양어선을 많이 타요. 그 사람들이랑 문화 차이, 언어소통의 문제로 어려움을 많이 겪고 있는데, 그런 문제도 해결되도록 노력하고, 뭐, 그렇습니다."

이분 참 오지랖이 넓으신 분이구나. 부디 그 오지랖이 꼭 결실을 맺었으면 정말 좋겠다.

미술사학자

공자가 아들 백어(伯魚)에게 한
시와 예를 배우라는 교훈과 같이
오롯한 길을 걷고자 합니다.
천리마를 분별하는 백락(伯樂)이나
벽옥을 감별하는 변화(卞和)처럼
사뭇 흩어져 사라질 것 같은 기술과 사람을
오롯이 기록하고픈 바람입니다.

한 길 사람 속은 몰라도
열 길 물속은 안다
- 고등어 선망 어로장 박태용

이현주

너만은 꼭 어로장이 되어다오

　우리나라를 대표하는 주요 어류로 첫손가락에 꼽히는 고등어를 전국에서 가장 잘 잡는다고 자부하는 부산 사나이가 있다. 고등어 선단의 어로장은 모두 내로라하는 베테랑들인데 그중에서도 고등어 어획의 최상위를 다투는 사람이 바로 제11 우양호 선단의 어로장 박태용(1962년생) 씨다.

제11우양호 선단 박태용 어로장 ⓒ이은주

제11우양호 선단 박태용 어로장 ⓒ이은주

　그는 50여 년을 살면서 뭍보다 바다에서 지낸 시간이 더 긴 편이다. 고등어잡이 어로장으로는 11년째이고 배를 탄 지는 35년이 지났다. 그는 고등어잡이 어획량의 선두를 빼앗기는 것을 마치 전투의 패배처럼 아쉬워하는 승부사적 기질을 가진 인물이다. 인력만으로 되지 않는 일이고, 고등어가 잘 잡히거나 못 잡히고는 상사(常事)인지라 남보다 어획이 뒤처지면 조바심이 날 만도 하다. 그러나 그의 외견과 심중은 평정심으로 일관되어 아쉬움은 곧 새로운 전략으로 거듭난다.

　그는 원양어선 선원이자 선망어업 종사자였던 아버지의 유언으로 선망어업 어로장의 길을 운명처럼 택하게 되었다고 한다. 앞날이 창창한 청년에게 아버지는 왜 어로장이 되라고 했을까? 그렇다고 해도 다른 꿈을 향해 자신의 길을 갈 수도 있었는데 박태용은 왜 굳이 어로장이 되었을까?

　어로장은 선단의 생존경쟁에서 선원들과 회사, 가족이 모두 직결되어 이들의 삶을 지켜주는 가장 핵심적인 중책이다. 한 선망의 거래처만

부산공동어시장 고등어 선별작업

해도 50군데가 넘으며, 선단의 선원 수만 해도 73명, 회사직원을 포함하면 80~90명 정도의 생계가 어로장의 능력인 어획량에 매달려 있는 구조이다. 이 밖에 공생 관계라 할 수 있는, 공동어시장에서 고기를 선별하는 사람, 경매사, 냉동 공장 등 조업하는 이들을 비롯해 많은 사업과 산업이 긴밀하게 연결되어 있다.

고등어는 부산의 시어(市魚)이자 전국 고등어 수확의 90% 이상을 부산이 담당하고 있으며, 고등어의 어황은 수산업의 분기점이 되고 있다. 부산공동어시장 어판량의 약 80%를 고등어가 차지한다. 매월 한 차례 항차에 10억 이상의 경비가 소요되는 19개의 대형선망 선단이 모두 부산을 거점으로 운영되고 있다. 이에 따른 그물과 급식, 유류와 선원 임금은 물론이고 어시장의 경매, 도소매 등 뒤따르는 부가가치 또한 지대하다. 고등어 어획과 고등어 가격에 부산이 출렁이고 부산이 벅수 놀음을 한다. 그 중심에 어로장 박태용이 있다.

고등어의 별명, 고도리

우리나라의 물고기 명칭은 대체로 끝에 어(魚), 치, 미(도미, 가자미, 놀래미 등), 리(도다리, 가오리, 쏘가리 등), 대(서대, 박대 등)를 붙여 이름이 지어지고 있다. 일반적으로 사람들이 선호하는 고급 어종에는 '어'가 붙고 독립적 개성이 강한 어종은 '미'나, '리'가 붙고, 비리거나 흔한 어종은 '치'를 붙이는 식이다. 이에 따라 '치'가 붙은 물고기는 제수용으로 쓰지 않았고 제상에서 멀리하였다. '치'가 붙은 물고기도 요리법의 발달로 맛이 있다고 여겨지면 '어'로 승급하기도 하였다. 참치는 다랑어로, 날치는 비어(飛魚)로, 넙치는 광어로, 누치는 눌어(訥魚)로 어와 치가 함께 쓰이기도 한다. 등푸른생선은 고등어를 비롯하여 참치, 삼치, 꽁치, 멸치, 정어리, 전갱이 등으로 '치' 자가 접미어 붙인 어류가 많은데..유독 고등어만 '어' 자가 접미어로 붙어 있다.

고등어는 1469년(예종1)에 편찬된 『경상도속찬지리지(慶尙道續撰地理誌)』에 고도어(古都魚)라고 기록되어 있으며, 1481년(성종12)에 편찬한 『동국여지승람』과 1611년(광해군3) 허균(許筠)의 시문집인 『성소부부고(惺所覆瓿藁)』의 「도문대작(屠門大嚼)」에는 고도어(古刀魚)로 표기되어 있다. 1798년(정조 22)에 이만영(李晩永)이 엮은 유서(類書)인 『재물보(才物譜)』에는 고도어(古道魚)로 명기되었으며, 1814년(순조14)에 정약전(丁若銓)이 지은 『자산어보(玆山魚譜)』에는 벽문어(碧紋魚)로 이름 붙여져 있다. 또 각종지지(地誌)에는 고도어(古刀魚)를 중심으로 같은 음가를 지니는 고어(古魚), 고도어(高刀魚), 고도어(古道魚)로 쓰이고 있으며 조선 말기부터는 고동어(古冬魚), 고동어(高凍魚)로 표기되거나 고등어(皐登魚) 또는 고등어(高等魚)로 기록되고 있다.

고도어(古刀魚)는 한자 뜻 그대로 고등어 모양이 마치 옛날 부엌에서 쓰던 칼과 비슷해서 붙은 이름이다. 옛 칼을 보면 칼날 부분이 고등어의 배처럼 반짝이는 은빛이고, 칼등은 무쇠라서 검푸른 색을 띠니 형상을 잘 반영한 명칭이다. 호사가들에 의해 고등어는 등이 둥글게 높이 올라와 있어 '높을 고(高)' 자나 '언덕 고(皐)'에 '등'을 합쳐서 고등어라 한다고 풀이하기도 한다.

1740년(영조16) 동래 부사 박사창(朴師昌)이 편찬한 『동래부지(東萊府誌)』 제37 토산(土産)부터는 거의 고도어(古刀魚)로 고착되고 있다. 1768년(영조44) 다대첨사 윤기동(尹耆東)이 펴낸 『다대진지(多大鎭誌)』나 1868년(고종5)에 편찬된 『동래부사례(東萊附事例)』, 1873년(고종10)의 『교남지(嶠南誌)』 권49 동래군 편과 1899년(고종36)의 『동래부읍지(東萊府邑誌)』의 토산조에는 모두 고도어(古刀魚)로 기록되어 있다. 그러나 『교남지』 권48 부산부(釜山府) 편과 1937년 동래 향교에서 문기주(文錤周)가 펴낸 『동래군지(東萊郡誌)』에는 고등어 기록이 누락되어 있다. 한편 조선 중기에 편찬된 『역어유해(譯語類解)』라는 일종의 어휘 사전에는 '고도어(古道魚)'에 대한 우리말을 '고도리'로 표기되어 있는데, 요즘도 크기가 작은 고등어를 고도리로 부른다.

부산 사람의 기질을 닮은 성질 급한 고등어

고등어는 난류성 회유 어종으로 표층이나 중층에 서식하는 밀집성이 강한 어군을 형성하는 어류이다. 따라서 대형 선망으로 선단 조업으로 포획하여 어획량이 풍부하다. 또 산란장이 우리나라는 제주도 근해이며, 일본은 큐슈 남부 연안이다. 회유 경로도 우리나라는 남해와 서해가 주 무대이고 일본은 큐슈에서 시코쿠, 혼슈 남쪽 해안이 주 무대여서 혼획될 가능성이 거의 없는 어종이다. 선단 조업은 한 선단을 통이라 부르는데, 물고기를 잡는 본선 한 척과 물고기를 모으는 집어등을 설치한 등선 두 척, 그리고 포획한 어류가 상하지 않도록 시급히 어시장으로 운반하는 운반선 세 척까지, 총 여섯 척이 한 통이다. 고등어의 금어기는 산란기인 늦봄인데, 소형선망은 4월 1일부터 4월 30일까지이고 대형선망은 음력 3월 14일부터 4월 13일까지 한 달간 금어기이다. 여기에 휴업기를 포함하면 두 달 동안은 어획을 잠시 멈추게 되는 것이다.

물고기는 낮에만 활동하는 주행성 어류와 밤에만 활동하는 야행성 어류 및 빛에 따라 움직이는 주광성 어류, 불빛을 싫어하는 배광성 어류, 온도에 따라 광온성 어류, 협온성 어류, 염분의 농도에 광염성 어류, 협염성 어류 등으로 분류되는데 고등어는 주광성 어류이면서 협온성 어류이자 협염성 어류이다. 고등어는 성질이 급하며 주로 새우나 작은 멸치를 먹이로 삼는다. 먹이를 찾아 계속 이동하며 한 곳에 장기적으로 머물지 않는다. 그렇게 때문에 고등어의 이동 경로를 간파하는 본능적 감각이 절대적으로 필요하다.

"여름에는 넓은 바다에 퍼져서 제각기 먹이 활동을 하다가 겨울이 되면 비슷한 개체끼리 운집하는 습성을 지니고 있어요. 따라서 여름에는 집어등을 밝혀 불빛으로 고등어를 모으고, 겨울에는 밀집 어군을 잘 조정하여 한 번에 그물에 쓸어 담아내죠."(어로장 박태용)

"고등어는 크기에 따라 갈고, 중갈고, 소소고, 소고 등으로 나뉘는데 가장 큰 성어인 소고는 길이는 26~27cm 이상, 무게는 600g 이상을 말합니다. 대체로 2~3년이 지나야 성어가 되며 조업 중 21cm 이하가 잡힌다면 방사해 줍니다. 해양자원을 보호하기 위한 우리들만의 규칙입니다. 고등어는 5월경에 산란을 하는데 산란 후에는 육질이 퍼석하고 고소한 맛이 약해지는 반면, 9월부터 1월까지는 가장 풍미 있는 맛을 선사하는 철이라 이때가 고등어잡이의 전성 기간이라 할 수 있죠."(교섭국장 제철관)

한 길 사람 속은 몰라도 열 길 물속은 안다.

고등어 선단의 총괄 지휘자가 바로 어로장인데 그 밑으로 각각의 배에는 일반선박과 대동소이하게 항해를 전담하는 선장, 기관을 담당하는 기관장을 두고 그 아래로 선장을 보조하는 항해사, 기관장을 보조하는 기관사의 사관을 두고 배의 모든 잡무를 담당하는 갑판장과 그 아래로 갑판원을 두고 있다. 이 밖에 각기의 배에는 어탐사, 조기장, 어망장, 보망사, 조리장, 조리사 등이 탑승한다. 한 통을 이루는 선단은 어로장을 포함하여 본선에 27인, 두 척의 등선에 각 여덟 명씩 16인, 운반선 3척에 각 10명으로 30인으로 모두 73인이다.

수십 명의 선장이 같은 바다에 배를 끌고 나가더라도 돌아올 때 어획량은 제각각이다. 만선의 기쁨을 누리며 어창에 물고기를 가득 채우고 돌아오는 선장이 있는가 하면, 텅 빈 어창과 제대로 펼쳐보지도 못한 그물을 선원들과 함께 안고 낙담한 채 돌아오는 선장도 있다. 어로장이 누구냐에 따라서 이들의 운명은 달라진다.

한 길 사람 속은 몰라도 열 길 물속은 안다는 이언(里諺)에 딱 맞는 사람이 어로장이다. 그는 본선의 브릿지에서 어군탐지기인 소나와 오랜 경험칙을 통하여 무슨 고기가 그물이 어떻게 움직이게 하나, 제각각의 형국을 손바닥 보듯이 파악하여 그물을 내리고 끌어당기기를 지시한다.

"전자 장비로 고기를 잡지만 이것은 물고기를 찾는 것이 목적일 뿐이지 실제로는 물때라고 해서, 어느 지역에서 어떻게 고기를 잡는다는 어로장만의 특별한 감각도 있어야 합니다. 물속에는 조류가 계속 바뀌는 등 변수가 많아서 조류를 잘 관찰해야 하고, 기상도 중요해서 구름과 바람과 파도, 물빛과 물 냄새, 이 모든 것을 조화롭게 접목시켜야 합니다."(어로장 박태용)

설명을 듣다 보면 작업이 체계적이고 이치에 맞게 분명해 보이지만 사실 현장은 긴장함이 팽팽하다. 멀리 떨어진 옆 선단의 긴박한 무선내용을 간파하는 동시에 우리 등선과의 소통은 암호로 은밀하게 이루어져야 한다. 출렁이는 파도 사이로 물고기의 소리를 듣고 냄새를 맡아 그들을 따라가는 숨죽이는 추격전, 예측할 수 없는 옆 선단의 고함소리, 뒤엉키는 기계음과 무선소리... 긴박한 상황 속에서 침착함을 유지하는 냉철함도 요구된다.

어로장은 내가 낚아채는 고등어, 단 한 번의 그물에 승부를 걸기 위해 숨죽인다. 단 한 번의 기회를 기다리는 바다의 승부사라 할 것이다. 그물을 던지라는 그의 명령에 선단과 선원, 그리고 그들 가족 모두의 생계가 보장되어 있는 만큼 박태용의 결단과 외침은 한마디 한마디가 수백 명의 목숨 아닌 목숨을 좌지우지한다.

박태용은 약관 이전 어로장의 길을 택하여 부산해양고등학교 통신과를 졸업하고, 군 복무를 마치자 바로 선망어업에 인생을 바쳤다. 처음에는 말단 선원부터 일을 시작하였으며 등선의 선원으로 선망 실습 6개월을 거치고 어탐사 작업을 배우기 시작했다. 어탐사로서 통신 기능을 익혔고, 연이어 통신장 역할을 거치면서 20년 넘는 시간 동안 고등어잡이에 패기 넘치는 젊은 시절을 온전히 다 바쳤다.

어탐사는 등선에서 근무하며 선장과 함께 호흡을 맞추며 고기를 찾는 일을 한다. 어로장과 함께 어군을 맞춰야 하니까 각종 타선 정보를 면밀히 알아내어 분석하는 것이 중요하다. 본선에만 있는 통신장은 계기 담당으로, 자산가치가 10억이 넘는 계기들을 총괄하여 수리 보수 점검 등을 담당하다 보니 선단의 사정에 능통해졌다고 한다.

그의 성실성과 고등어에 관한 감각과 경험 등이 집성되어 2010년 통신장으로서 최연소로 대망의 어로장이 되었다. 어로장은 본선선장이나 등선선장, 통신장 등에서 선별되는데 자질이 뛰어나고, 주변 이들의 추천이 필요하며 여러 사람을 거느리는 위치이기 때문에 평판이 좋고 자질도 뛰어나야 한다.

어로장이란 직업은 선망(고등어)과 권현망(멸치) 선단조업 두 분야에만 있다. 어로장이 되는 정형화된 과정은 없다. 연륜 깊은 어로장 밑에서 오랫동안 일하면서 그 어로장의 습성과 감각을 배우는 것이니, 범접할 수 없는 전통 장인의 세계를 연상시킨다.

최선을 다해야 할 날은 바로 오늘

박태용은 산란장인 제주도를 비롯하여 서해 추자도, 거문도, 동해안 남부 일원에서 조업하는 편이다. 흩어져 있는 고등어를 모으기 위하여 두 척의 등선이 집어등을 밝히면 등선 인근으로 고등어 떼가 몰려든다. 그러면 한 척의 등선 불을 끄고 다른 한 등선 쪽으로 다시 모아 본선에서 그물을 내려 등을 켠 등선에 그물 줄을 연결하도록 한다. 그런다음 그물 밑의 죔줄을 조여서 고등어가 도망치지 못하게 하여 끌어 올

대형선망 어로 현장 ⓒ문진우

린다.

음력 보름에는 달빛이 밝아 집어등의 효과가 작어 선단은 이를 피하여 출항한다. 등선의 선박에는 줄로 매달아 불을 켜는 집어등과 물속에 넣어 불을 켜는 수중 집어등이 있는데, 수중 집어등은 물속 70m까지 잠수시킬 수 있으며 겨울철에는 50~60m 정도까지도 잠수시킨다. 등불의 열기 때문에 겨울 작업에도 땀을 흘릴 지경이다.

첫 번째 등선는 불배라고도 하며 본선과 같이 소나 같은 어탐시설을 갖추기도 하며 본선이 투망할 때 보조 역할을 한다. 다른 두 번째 등선은 본선의 선미에서 앞 고삐줄과 쥠줄을 넘겨받아 본선이 원을 그려 선회하면서 본선에 다시 고삐줄과 쥠줄을 원위치로 돌려주어 어군을 그물에 갇히게 하는 역할을 한다. 운반선은 본선에서 어획된 어물을 냉장시설이 갖춰진 어창에 담아 육지의 위판장까지 교대로 운반하며 본선이나 등선에 필요한 물품을 조달하는 역할을 담당한다. 일반적으로 본선은 130톤가량이며, 등선은 80톤에서 100톤 정도이며, 운반선은 200톤에서 300톤 이상인 경우도 있다. 박태용은 고등어잡이의 관건은 여러 요소가 있지만 무엇보다 유가(油價)와 밀접하게 연결된다고 한다.

"작년에는 기름값이 싸서 아무래도 적자는 면했는데, 올해는 벌써 기름 값이 11~12만 원부터 해서 계속 올랐거든요. 그리고 심할 때에는 18만 원씩 해서, 업체가 기름값만 한 선단에 연간 50억 이상 나갔어요. 작년에는 기름값이 평균적으로 8만 5천 원 정도 해서 경비가 작게 들어서 업자들도 겨우 살아났어요. 그리고 우리가 WTO랑 FTA 체결을 내심 걱정하는 이유는 체결하면, 면세유를 못쓰게 되어서 그래요. 면세

유가 없으면 선망은 살아남지 못하거든요."(어로장 박태용)

　어로장 입장에서는 쉬는 날 없이 고기를 많이 잡아야 대박인데, 지나친 만선도 고민거리이다. 그날 어획량이 운반선 세 척의 분량을 다 채우면 세 척이 동시에 출하장으로 가야 하는데, 또 고등어 떼가 보이면 운반선이 올 때까지 기다려야만 한다. 고기가 많으면 투망을 치고 운반선이 올 때까지 기다리는 경우도 있고 기상이나 모든 위험 조건을 고려하여 풀어주기도 한다고 했다. 그래도 한꺼번에 많이 잡아 운반선 3척을 동시에 위판장을 보내는 것 또한 행운이며, 특히 겨울철에는 많이 잡으면 무조건 이익이라고 한다.

　"고기가 많이 보여도 금방 없어져 버려요. 그래서 함께 조업하는 이들에게 '고기는 날마다 나타나지 않는다. 오늘 하루 힘들어도 오늘 최선을 다해라. 내일은 없다. 오늘이 최선이다.' 라고 항상 강조합니다."(어로장 박태용)

뭍에서도 쉴 수 없는 어로장

　고등어를 많이 잡기 위한 선주와 어로장의 기복 신앙은 다양한 편이다. 풍어제인 별신굿 형태의 고사를 지내거나, 명산대천 혹은 영험하다는 해수관음을 찾기도 한다. 선주가 기독교인 경우 출항 기도를 한 시간 가까이하는 경우도 있다.

　박태용은 고등어잡이에 나서기 전 예지몽을 꾼 적도 간혹 있었다.

내일은 없다. 오늘이 최선이다 ⓒ제철관

조심해야 할 것 같은 흉조 꿈을 꾸면 선장들에게 실수하지 말고 매사에 조심하라고 더욱 단단히 주의시킨다. 배가 산으로 가는 건 길조라 한다. 실제로 배가 산으로 올라가는 꿈이나 돼지꿈을 꾸고 나서 만선을 한 적도 몇 번 있었다고 한다.

"육지에 내려도 쉴 틈이 없어요. 한 달에 일주일 정도 쉬지만 이 기간에도 다음 항해에 지장이 없도록 선단을 수리, 정비하도록 지시해야 해요. 그리고 두 번째로는 각종 모임이죠. 가족뿐만 아니라 고등어 정보를 교환하기 위하여 어로장들끼리의 모임인 한국 선망 어로장 협의회에도 참석해야 하며 선원들의 빠진 길흉사를 모두 챙깁니다. 그리고 회사직원들과도 정기적인 의견교환을 위해 모임도 하죠. 일본에도 어로장 제도가 있고, 우리나라는 일본 선망을 사례로 삼았기에 코로나 전까지는 일본이랑도 어로장 교류를 했습니다."(어로장 박태용)

어로장은 한 달에 실제 6일간 뭍에 있을 수 있으나 들어오는 날 빼고, 나가는 날은 아침 7시에 나가야 하니 사실은 4일뿐인 셈이다. 1년에 겨우 한 달 남짓 뭍에 머무는 힘든 직업이다. 지금 선망조업이 어려운 또 하나의 큰 이유는 이제 젊은 사람이 없다는 것이다. 고등어 선단의 손꼽히는 장인일지라도 후계자가 있어야 한다. 그런데 30~40년 전에는 건장했던 19세 청년들이 지금은 모두 60~70대가 되어버려 선원의 노후화도 개선되어야 할 시급한 문제로 지적되고 있다.

"1960~1970년생 정도까지는 선원 양성이 활발했는데, 그 이후로는 거의 안 되고 있는 현실입니다. 요즘 젊은이들은 휴대폰과 인터넷 세대인데, 바다로 나가면 인터넷이 안 되니 답답해하죠. 그래서 저희 세대가 아마도 마지막 세대가 되지 않을까 걱정됩니다."(어로장 박태용)

바다를 다스리는 덕장(德將), 박태용

산울림의 〈어머니와 고등어〉라는 대중가요처럼 고등어는 지극히 대중적이다. 그러나 어로장은 지극히 희소적이다. 전국에 20명 남짓만이 그 명예를 가질 수 있다. 선망에서 어로장은 경쟁이 치열한 자리로,

1년에 2~3명씩 바뀌기도 한다. 영예만큼이나 고충도 깊은 직업인 게다. 아무리 기계가 정밀하다 해도 고기는 사람이 잡는 것이다. 어로장한 명의 지략과 결단에 어획량이 천정부지로 늘어나고 회사가 흥망성쇠하는 것이 고등어 선망조업의 운명이다.

어로장 박태용은 동시에 몇 척의 배들이 선단을 이루어 출항하는 매력적인 조업은 선망밖에 없다고 하며, 선망은 전투와 같아서 출항시간과 입항시간을 철저히 지킴은 물론이고 선망 간의 공동규칙 또한 철두철미하게 지켜야 한다고 강조하고 있다.

박태용은 뱃사람 같은 거센 풍취는 없으나 어로장이라는 영예로운 작위(爵位)를 지니고 우리 연근해를 누비고 있다. 박 어로장은 열정을 과시하기보다 원칙을 고수하고 대세에 유연하게 대처할 줄 알며, 주변에 많은 것을 베풀면서도 받은 것이 많다는 생각에 깊이 감사하고 최적의 타이밍에 기지를 발휘하여 매사를 성취하는, 바로 이 시대 물속을 다스리는 덕장(德將)인 셈이다. 용장(勇將)이 지장(智將)을 이기지 못하고 지장이 덕장을 이기지 못한다는 손자병법이 그에게 꼭 걸맞은 말임을 실감한다.

고등어 선망 어업의 명암과 전망

고등어는 부산의 시어이자 서구의 구어이다. 고등어 선단이 활황을 누렸던 1990년경 부산에는 52개 선단이 있었다. 그러나 남획에 따른 자원 고갈로 감척 사업을 추진되면서 현재에는 19통의 선단만이 유지

전국선망선원 노동조합 제철관 교섭국장

되고 있는 실정이다.

"지구온난화로 세계 기후는 지금 계속 올라가고 있고, 바다 수온도 계속해서 올라가고 있어요. 그래서 원래 대만 쪽에 있던 고기가 지금 제주도로 올라왔고, 제주도에 있던 자리돔도 울릉도까지 올라간 현실입니다."

남항에 자리 잡은 전국선망선원 노동조합 제철관 교섭국장은 우리나라 선망조업의 선단과 각 협회 간의 네트워크 역할은 물론 선원들의 복지 개선에 힘쓰는 헌신적인 인물이다.

"산란기 및 비성수 기간에 선원들 모두 3개월 동안 유급휴가를 했어요. 월급을 지불하지 않으면, 다른 곳으로 금세 이직해 버립니다. 그러면 다시 경험을 갖춘 인력을 구하기 힘들어요. 이때 정부에서 시범사업으로 3년간 한시적으로 임금의 일부 지원해 주었습니다. 그런데 조업을 하지 않으니 회사 유동성 자금이 원활히 이루어지지 않았고, 우리뿐 아니라 부산공동어시장과 기타 관련 업체 등에도 파장이 컸어요. 그래서 1개월 줄어서 2개월만 유급휴가를 하게 되었습니다."(교섭국장 제철관)

　교섭국장 제철관은 우리나라 고등어잡이 산업을 비롯한 고용창출이 급격히 축소되고 있다 우려가 크다. 자연스레 수입에 의존하게 되고, 그러면 고등어 가격이 천정부지로 올라 국가에 막대한 손실이 갈 것이 자명하다고 덧붙였다. 정부가 1차 산업인 고등어잡이에 대책을 마련하고 구체적인 지원을 실천해야 한다고 그는 목청 높여 피력했다. 일본을 비롯한 다른 나라들에서는 최대 80%까지 수산업 분야를 지원해 주는 반면, 우리나라는 삼면이 바다인데도 불구하고 현재로서는 정부지원이 아주 미비한 상황이다. 더욱이 해양수산자원 보호라는 미명하에 선단의 축소를 강요하는 현실이니, 부산의 명실상부한 고등어 선단의 미래는 암울할 수밖에 없다. 세대가 교체되어도 부산의 고등어 선망조업이 최소한의 경쟁력을 갖추기 위해서는 이웃나라 일본 수산업과 견줄 수 있는 현실적인 대책이 절실히 요구된다. 아울러 고용창출을 위해 선원들의 주거 공간 및 복지 개선, 노후한 선단의 안전 시스템 향상 등 정부와 지자체의 진중한 고심과 적극적인 지원이 필요하다.

북칼럼니스트

북칼럼니스트로 책과 작가를 소개하는 일을 한다.
책을 좋아해서 재미있게 하고 있다.
다만 널리 알려야 할 책과 정작 읽고 싶은 책이
항상 동일하지는 않다는 고민이 있다.

새벽을
여는 사람
-부산공동어시장 김대회 경매사

박현주

  부산공동어시장. 부산시민들에게는 언론에서 자주 듣는 낯익은 단어이다. 어선에서 경매장으로 쏟아지는 생선, 팽팽한 긴장이 감도는 경매 현장, 공동어시장에서 일하는 사람들과 상인들을 다루는 기사나 다큐멘터리도 있다. 새해 처음 열리는 경매는 '초매식'이라는 이름으로 언론을 장식하며 화제가 된다. 고등어가 산처럼 쌓인 사진은 부산공동어시장의 상징적 장면처럼 여겨진다. 자갈치시장이 너무 유명한 바람에 부산공동어시장이 자갈치에 있는 줄 아는 사람들도 있다지만, 부산을 제대로 아는 사람들에게 이곳은 새벽에 경매 장면 한 번쯤은 봐야 할 특별한 감동의 장소이기도 하다. 수산물 경매 현장은 누구나 쉽게 볼 수 있는 광경이 아니기 때문일 것이다. 부산의 새벽은 이곳, 부산공동어시장 경매 현장에서 밝아온다.

  그 새벽을 담은 시 한 편이 있다. 박희자 시인의 시집 『부산공동어시장』(책펴냄열린시, 2021)에 실린 시 「경매 한마당」이다.

이른 새벽, 부산공동어시장

수평선 넘어온 고깃배 불빛/ 경매장 전등불 깨우는 시간/ 경매장에서 한마당 무대가 열린다/ 앞서리 고수가 상자를 툭툭 치며/ '갈치 백 개 ~ 잇~'/ 큰 소리로 길게 선창을 울리면/ 경매사는 긴박한 휘모리장단으로 값을 높여 간다/ '일 십 백 천 만' 소리의 절정에서/ 경매사와 중매인의/ 열 손가락이 번개같이 부딪치며/ 공중 날던 모든 손가락 내려오고/ 한마당 장막이 넘어간다// 격동 시간 속 달리는 뜨거운 경매장/ 흥겨운 땀의 노래와/ 굵은 소리 섞여 춤추는 한마당/ 생선 비늘 빛 새벽이 온다

경매장의 모습, 공중을 날던 손가락들의 빠른 움직임이 짐작되는 시다. 이 시가 노래하듯 부산공동어시장의 중심은 경매이고, 그 절정의 꽃을 피우는 사람들이 경매사이다. 경매사 김대회 씨에게 부산공동어시장과 경매 이야기를 들어보았다.

김대회 경매사를 만난 시각은 새벽 5시경. 경매가 시작되는 6시 전에 만나 위판장 분위기도 살펴보고 경매 장면을 보기 위해서였다. 부산공동어시장 직원들의 출근 시간이 새벽 5시다. 하루를 부지런히 시작하는 사람들의 이른 기상 시각 무렵 그들은 벌써 출근 완료이다. 직원들만 출근하는 것이 아니다. 선주, 중매인, 상인들도 5시면 모여든다. 경매사들은 그들과 경매와 관련한 정보를 공유하고, 이야기를 나누는 것으로 업무를 시작한다. 6시에 경매가 시작된다지만, 사실 그 전부터 경매가 시작된 듯 서서히 긴장감이 감돈다.

부산공동어시장은 1963년 개장하여 반세기가 넘는 오랜 역사와 전

1962년 1부두 수산센터 건립 공사 중인 모습

통을 가진 곳이다. 부산공동어시장은 1963년 부산 북항 제1부두에서 부산수산센터로 출발하였다. 1966년 북항을 무역항, 남항을 어항으로 개발하는 계획에 따라 1967년부터 남부민해안을 매축공사를 시작했다. 1971년 지금의 부산공동어시장 신축공사로 출발해 1973년부터 남부민동 시대가 열렸다. 하루 최대 물량 3,200톤으로 국내 수산물 위판의 약 30%를 책임지고 있으며, 특히 고등어 위판량의 약 90%를 거래하는 전국 최대 규모의 어시장이다. 수산물 품질 고급화와 원활한 유통 및 적정 가격 유지의 역할을 다함으로써 국가경제 및 수산업 발전에 기여하고 있다. 부산의 자랑이며, 한편으로는 부산의 상징과도 같은 곳이다. 위판사업을 해오던 부산공동어시장은 현대화 사업을 추진 중인데, 사업이 완료되면 수산물 생산·유통·관광이 결합된 다기능 수산시장으로 재탄생하게 된다.

부산공동어시장이 관광명소가 될 수 있다는 건 무슨 말일까. 김 경매사 주변을 맴도는 동안 "혹시 관광객이세요? 경매 구경 왔어요?" 라고 물어오는 어시장 사람들도 있었고, 실제로 카메라로 무언가를 촬영 중인 사람들도 보였다. 일반인들의 눈에 어시장의 경매는 그 자체로 '신기한 볼거리'인 것이다. 어시장 사람들은 그들에게 신경 쓸 틈이 없고, 경매 현장을 구경하러 온 사람들은 눈치껏 조용히, 방해가 되지 않도록 행동하고 있었다.

김대회 경매사가 놋쇠종을 흔들었다. 어시장 가득 종소리가 울려 퍼졌다. 경매의 시작을 알리는 신호이다. 어느새 43,134㎡ 넓이의 위판

이른 새벽, 부산공동어시장

장 이곳저곳에 냉동된 오징어 상자, 갈치 등 생선 상자들이 쌓여 있었다. 놋쇠종의 위력은 대단했다. 종소리가 울리는 곳으로 순식간에 중매인과 상인들이 모여들었다.

오징어 상자 더미 앞에서 김 경매사가 주도하는 경매가 시작됐다. 모든 사람의 시선이 그에게 모였다. 김 경매사의 입에서 나오는 말은 일반인으로서는 무슨 단어인지 쉽게 알아듣기 힘들다. 처음에는 "아~~ 이~~" 하는 소리만 들렸다. 일정한 리듬을 타는 듯하다. 시조창처럼 들리기도 한다. 그 말 사이에 다른 소음이라도 끼어들세라 모두가 숨을 죽인다. 좀 더 집중해서 들어보면 입찰 붙인 품목의 원산지나 품목명 소개도 들어가고, 가격도 들린다. 단어와 단어 사이를 이어가는 "아~~ 이~~"는 마치 흥을 돋우는 추임새 같다. 정확한 상황을 모르는 사람들도 그 분위기에 쏙 빠져들게 한다. 경매사와 중매인들 사이에서 가장 중요한 결정을 만들어내는 소리는 부산공동어시장의 활기찬 숨소리이다. 부산을 생생하게 살게 하는 호흡이다.

김대회 경매사의 호흡과 소리는 '흥겨움'과 '긴장'을 자아냈다. 경매사만의 리듬이다. 그러면서 동시에 경매사의 시선은 둘러선 중매인들의 손을 빠르고 정확하게 살피고 있었다. 경매사와 중매인들의 손놀림은 빨랐고, 눈빛에는 팽팽한 긴장이 감돌았다. 손가락으로 가격을 표시하는 수지상향식 역시 신기해 보인다. 수지상향식을 보고 손가락을 이리저리 구부리고 펴면서 따라하는 것도 쉽지는 않겠다. 경매사와 중매인들은 얼마나 긴 시간 동안 저 손놀림으로 대화를 해왔던 것일까. 손가락의 재빠른 움직임, 연신 흔들어내는 손놀림으로 이루어지는 대화

부산공동어시장 김대회 경매사

는 마치 손동작만으로 만든 춤사위처럼 보인다. 중매인들은 손가락으로 의사를 표현하고, 경매사는 순식간에 중매인의 손가락 암호를 해독한다. 그렇게 가격이 매겨지는 장면은 보는 사람에게도 긴장감을 느끼게 한다.

공급과 수요의 균형과 불균형이 가격에 영향을 미치고, 사고파는 이들의 감춰진 욕망으로 어시장은 후끈 달아오른다. 어느 순간 공중에 나부끼는 그 손짓들이 내려오고, 판이 끝났다. 한 판이 끝났나 싶으면, 새로 경매가 열리는 곳에서 놋쇠종이 다시 울린다. 중매인들은 곧바로 다음 경매가 열리는 곳으로 이동했다. 한 사람의 경매사가 전부 할 수 없으니, 다른 경매사가 무대에 선다. 경매사들이 나누어 차례로 경매를 주도하고, 그렇게 위판장 한쪽 끝에서 다른 끝으로 이동하는 경매는 8시경까지 이어졌다. 경매 한 판, 또 한 판을 따라다니다 보면 넓은 위판장 곳곳을 3시간 가까이 돌아다니게 된다.

경매가 끝난 후의 일도 긴장의 연속이다. 주인이 정해진 생선 상자 더미에는 신선도를 유지하며 신속한 이동을 준비하는 사람들이 다시 달려든다. 허리 한 번 펴지 않고 생선을 다른 상자에 옮겨 담고 얼음을 채우는 손길, 냉동트럭이나 수레에 생선을 옮기는 분주한 몸놀림의 합이 한 치도 어긋남이 없다. 위판장 곳곳에서 볼 수 있는 장면이다. 저 상자들은 다시 중간상인들을 거치고, 시장에서 최종 소비자의 선택을 받는다. 바다 밑 물고기에서 밥상에 오르는 반찬이 되기까지에는 이런 새벽의 노동이 있었다. 그 활기차고 생생한 삶이 부산의 새벽을 열고 있었다.

부산공동어시장에 처음 온 사람들은 긴장감, 흥미로움, 신기함도 느끼지만 새벽을 여는 어시장 사람들의 활력에 더 끌린다. 뜨거운 삶의 현장이 묵직한 감동을 주기 때문이다.

아침 8시 즈음 경매가 마무리되면, 김대회 경매사는 부산공동어시장 감천항의 경매를 위해 다시 이동해야 한다. 그 전에 어시장 구내식당에서 아침 식사를 하며 잠시 숨을 돌린다. 그 시간을 빌려 그의 이야기를 들었다.

김 경매사는 1961년 충청북도 청원에서 태어났다. "바다가 없는 땅에서 나고 자랐는데, 지금은 매일 부산의 바다 바로 옆에서 일하고 있어요." 그가 부산과 인연을 맺게 된 것은 씨름 덕분이다. 전주대학교 씨름선수였던 그는 대학을 졸업하고 1984년 12월 8일, 부산공동어시장 씨름선수단에 입단했다. 그는 그 날짜까지도 기억하고 있었다.

부산공동어시장 김대회 경매사

"부산에 처음 왔을 때, 객지여서 그랬는지 좀 낯설었지요. 하지만 동료 선수들과 숙소 생활을 하면서 잘 적응했어요. 서로 몸을 맞대고 겨루는 씨름이다 보니, 그만큼 더 친숙해졌어요." 바다가 없는 곳에서 자란 그에게는 바다 역시 특별한 감흥으로 다가왔다. "눈앞에 끝없이 펼쳐지는 바다를 보면서 감명받았습니다. 어창 가득 물고기를 채운 만선이 들어오는 것을 보았을 때는 '풍년이구나!' 하는 생각을 했어요. 부산은 넉넉하고 풍요롭다는 활기찬 인상을 받았습니다."

씨름단이 부산공동어시장 소속이다 보니, 자연히 어시장에도 관심을 가지게 됐다. "어시장에서 난생처음 본 생선도 있었어요. 경매 현장은 더 신기하고 흥미진진했습니다. 경매야말로 어시장에서 최고의 핵심이라는 생각도 했습니다. 해보고 싶었습니다. 씨름판에서 키워 온 승부욕이 경매사가 되고 싶다는 마음에 불을 댕겼다고나 할까요. 어시장 최고의 꽃을 저도 한번 피워보고 싶었습니다. 10년간 씨름선수로 활동하다가 1994년에 공로를 인정받아 부산공동어시장에 정식으로 입사했습니다. 처음에는 일반 직원으로 입사해 일하고 배우면서 경매사 국가고시를 준비했습니다. 자격증 시험 준비를 하는 것만큼이나 현장 감각을 익히는 것도 중요했죠. 시험 합격이 전부는 아니니까요. 교육도 받고, 연습도 하고, 선배 경매사들을 보면서 배우고요. 자격이 있다고 금방 경매사를 할 수 있는 건 아니랍니다. 호흡 한 번, 손놀림 하나가 중요한 만큼 경매 현장에서 배우는 수습과정이 있습니다. 수습을 빼고 경매사로 15년 일했습니다." 그는 정년퇴임을 한 후, 2016년 6월에 회사의 특별채용으로 여전히 현직 경매사로 일하고 있다.

김 경매사의 하루는 새벽 3시 즈음에 시작된다. 새벽 5시에 어시장에 출근한다. 경매가 시작되기 전에 선주, 중매인, 상인들과 이야기하면서 서로 정보를 공유한다. 최근의 어획량, 바다의 날씨, 경매에 올라올 생선, 그날의 시세, 경제 흐름, 소비들의 선호도 등 짧은 시간 안에 중요한 이야기가 오간다. 전날 경매 결과로 좋은 값에 생선을 넘겨 고맙다는 선주나, 장사가 잘됐다는 중매인과 상인들의 이야기를 들을 때면 보람도 느낀다.

"처음 경매 현장에 섰을 때가 생각납니다. 오징어 소량 판매였어요. 중매인들의 시선이 제 얼굴과 손에 쏟아졌습니다. 그 뜨거운 열기가 얼굴에 닿는 듯했습니다. 쑥스러웠고, 긴장했지요. 목소리가 시원하게 터져 나와야 하는데 목이 잠기고, 수지상향식 신호를 보내야 하는데 손이 안 올라가고 그랬죠. 마치 처음 씨름판에 섰을 때의 기분 같았어요. 하지만 마지막까지 맞붙어 이겨내려는 운동선수 기질 덕분에 첫 경매를 무사히 끝냈습니다. 아쉬움이 남지만, 창피하지는 않은 결과가 나왔으니까요. 기억에 남는 경매가 있다면 고가의 어종인 참다랑어 경매입니다. 좋은 값에 낙찰됐다, 판매도 잘됐다는 말을 양쪽에서 들었지요. 이럴 때 경매사들은 최고의 기쁨을 느낍니다."

김 경매사는 경매 판세를 이끌어 갈 때 생산자인 어선 선원들의 마음을 늘 생각한다고 말했다. "단단한 땅을 딛고 일을 하는 것에 비해 파도치는 바다 위에서 일을 하는 건 위험이 더 큽니다. 배 위에서 숙식을 하면서 조업을 할 때, 때로 선원들은 목숨을 걸어야 하는 순간을 맞기도 합니다. 땅 위에 수확 철이 있는 것처럼, 바다에서 건져 올린 물고기를 가득 실은 만선이 부산공동어시장을 찾아오면 풍년이라는 생각이 들어요. 제가 처음 어시장을 찾아왔을 때 느꼈던 마음이지요. 생산자와 소비자의 요구와 만족이 조화를 이루는 시장을 형성하는 첫걸음이 어시장의 경매라고 생각합니다. 어선이 다른 위판장을 찾아가지 않고 부산공동어시장을 계속 찾아오게 하는 역할도 해야 합니다. 경매사는 책임감과 보람을 번갈아 느끼면서 일합니다."

첫 경매 이후 지금까지 김 경매사는 어시장에서 열심히 일하는 사람들과 마주하면 변함없이 가슴이 벅차오르는 것을 느낀다. "이곳에 일해 온 지난 시간을 돌아보고 함께 일했던 어시장 사람들을 바라보면,

생산자와 소비자를 조화롭게 연결하다

어디에서 무슨 일을 해도 잘 할 수 있다는 생각이 듭니다."

부산에서 산 지 40여 년인 김대회 경매사는 이제 부산사람이다. "부산에 처음 왔을 때보다 말투가 좀 빨라졌어요. 억양도 조금 강해졌죠. 충청도 친구들은 바다를 볼 수 없는 지역에서 태어나고 성장한 제가 매일 새벽 부산 바다 옆에서 경매사를 하고 있다는 사실에 '대단하다'며 놀라워해요. 이제는 부산이 제 고향입니다."

일 년 열두 달, 부산공동어시장은 열려 있다. 태풍이 불어 닥치는 날이나 명절에는 쉬지만, 연중무휴라고 봐도 무방하다. 경매사들은 휴가와 휴일을 순번을 정해 쉬고, 새벽마다 경매가 열린다. 부산공동어시장은 1963년부터, 김대회 경매사는 1994년부터 부산의 아침을 열었다. 그 찬란한 아침들이 모이고 쌓여서 부산의 역사를 밝혀왔다.

향토사학자

약 35년 전부터 우리 역사와 문화를 좋아하여 전국을 탐방 다녔다.
1990년대 후반부터 부산의 역사에 미쳐서
근대 시기 부산과 경남지역의 옛 사진과 지도 등을 수집하여
향토사 분야를 연구하는 〈부경근대사료연구소〉를 운영 중이다.

역사가 깃든
충무동 여인숙 골목

김한근

숙박시설의 변천

　여행은 기본적으로 숙식을 해결해야 한다. 조선시대는 농경사회였기에 여행객 자체가 적었다. 당시 여행객들은 큰 고개 등에 들어가는 초입이나 고개 산마루에 자리한 '주막'에서 숙식을 해결하곤 했다. 조선 후기에 들어서면서 '주막'과 '여각'이라는 이름의 숙식을 해결할 수 있는 곳이 상업이 번성한 큰 도읍이나 교통요충지에 들어섰다. 그러다 조선 후기에는 근대 초기에 숙식을 함께 해결하는 '객주'라는 것이 생겨나기 시작했다. 큰 항구를 중심으로 형성된 객주는 타지역에서 가져온 물건들을 위탁 판매하는 구조였다. 화주가 물품을 가져오면 객주는 매매가 될 때까지 숙식을 제공하는 것이었다. 물론 객주도 상대하는 화주, 혹은 상품, 혹은 거래 방식에 따른 구분을 하기도 했다. 근대 개항 이후 일본인들이 물밀듯이 들어오면서 도심과 항구를 중심으로 여관들이 생겨나기 시작했다.

숙박시설이 밀집한 지역은 어떤 곳일까? 일단 유명관광지 혹은 역이나 터미널 주변 등이 아닐까? 하지만 1980년대 미국의 모텔 문화가 한국에 유입되면서 주차장을 갖춘 형태의 여관들이 들어서면서 숙박시설이 유명관광지나 역, 혹은 터미널이 아닌 신흥도심지역이나 도심 외곽지역에 우후죽순처럼 생겨나기 시작했다. 원래 모텔은 미국에서 고속도로 중간 중간에 차량여행자용 숙소로 개발되었다. Motorists Hotel이 그 기원이었다. 즉 Motorists Hotel이 Motel이 된 것이다. 미국은 땅이 워낙 넓어서 자동차를 이용해서 한 도시에서 다른 도시로 이동하는 데 며칠씩 걸리다 보니 모텔은 고속도로 중간에 자동차와 함께 중간에 휴식할 수 있는 일종의 휴게소와 같은 격이었다. 하지만 땅이 그다지 넓지 않은 한국에서는 여관에 비해 다소 격이 높으면서 자동차를 주차할 수 있는 숙박처로 모텔이 등장했다. 물론 1970년대에는 여관보다 다소 격이 높은 장급 여관이 있었다. OO여관이 아닌 OO장여관이 생겨나기도 했지만 모텔이 등장하면서 여관은

(↑ 379) THE SALON 屋酒居 (俗風鮮朝)

[사진 1] 1920년대 도로변 주막. 조선풍속엽서

다소 격이 떨어진 숙박시설로 변했다. 건물의 노후도 있지만 시설의 차이도 컸다. 여관은 여름에도 선풍기가 고작이었으나 모텔은 기본적으로 에어컨이 설치되어 있었다. 그리고 겨울철 여관에는 연탄보일러 아니면 개별 냉난방이 주종이었으나, 모텔은 중앙집중식 냉난방시설을 했다.

오늘날 숙박시설을 구분하는 기준은 먼저 건축법상 기준이 있다. 즉, 건축법상으로 일반 숙박시설과 관광 숙박시설로 분류한다. 이렇게 구분한 것은 시설 운영에 따라 적용되는 법이 다르기 때문이다. 일반 숙박시설은 보건복지부의 공중위생관리법이 적용되지만 관광 숙박시설은 문화관광부의 관광진흥법을 적용받는 것이다. 그리고 대실 운영 여부에 따른 차이도 있다. 일반 숙박시설은 대실 운영이 가능하지만 관광 숙박시설은 대실 운영이 금지되어 있는 것이다.

그러면 호텔 · 모텔 · 여관 · 여인숙의 차이는 어디에 두는 것인가. 일반적으로 30실 이상의 객실인데 공중위생관리법을 적용받으면 호텔, 10~30실 사이의 객실이라면 여관, 여관과 기준이 같은데 욕실을 공동으로 사용하면 여인숙으로 분류하는 것이다. 그런데 1992년 2월 새롭게 제정된 <숙박업 활성화>로 일반 숙박업의 경우 과거 여관 수준이어도 모텔이라는 명칭을 사용해도 법적인 제재를 받지 않고 있다.

부산 충무동 여인숙 골목 현황

지금은 '충무동 사거리'가 공식 명칭이지만 오랫동안 '충무동 로터리’라 불렸던 곳이 있다. 남포동과 광복동 사이를 가르는 구덕로와 충무대로가 교차하는 지점이 그곳이다. 과거 해안이었던 이 일대는 일제강점기인 1934년 2월 실시한 부산 남항 제2기 매축공사로 1940년부터 육지가 된 곳이다. 옛 해안선은 서구청 바로 아래를 지나는 구덕로 118번길에서 119번길로 이어지는 곳이었다. 이 충무동 사거리에서 남포동 방향으로 불과 60미터 남짓 거리에 위치한 성화천막에 새벽시장 방향으로 연결된 골목 100미터 남짓한 주변에 12곳의 숙박시설이 있는데, 그 가운데 10곳이 여인숙이다. 나머지 한 곳은 모텔이, 다른 한 곳은 하숙집이라는 간판이 붙어 있다. 이 골목 일대는 바로 옆의 충무동 사거리 일대가 보여주는 도심 번화가와는 달리 마치 1960~1970년대를 타임머신을 타고 온 분위기를 보여주고 있다. 골목 안에 자리한 생선횟집, 반건조 생선 판매장, 구제 의류 판매장 등이 자리한 가운데 여인숙 간판이 있는 업소가 10곳이 있어 충무동 여인숙 골목이라는 별칭이 생겨났다. 골목 안 사거리에서 서쪽으로 35미터 거리에는 충무대로가 나타나고, 동쪽으로 50미터 거리에는 해안새벽시장길로 남항 해안에 펼쳐진 시장이 늘 북적지껄 어수선하다. 그리고 이 골목 도로변 뒤로 촘촘히 붙어있는 가옥들은 불과 3.5~4평 남짓한 집이 대부분이다. 도로변에 10~40평 규모의 건물도 30곳 남짓 있지만 가로 70미터 세로 70미터, 약 1,400평 남짓에 불과한 이곳에 무려 100개가 넘는 별도 지번이 있는 것이다. 대도시 번화가에 인접한 이곳이 이렇게 작은 공간의 가옥들이 밀집한 것과 집단 여인숙 골목이 형성된 것이 의문이 아닐 수 없다.

일제강점기 이후 매축으로 형성된 충무동 1가 일대

 이곳 여인숙 골목은 충무동 1가에 해당한다. 먼저 충무동 1가라는 공간이 형성된 역사를 살펴보자. 앞에 언급한 대로 원래 이곳은 바다였다. 즉, 일제강점기인 1930년 5월부터 남항 해안 매축공사를 실시하여, 제1기 공사는 영도대교 인근에서 당시 보수천 하구까지 1932년 12월 총 44,860평을 매축했다. 이어서 1934년 2월 남항매축 2기공사를 실시하여 현 서구청에서 새벽시장에 이르는 현 충무동 1가 일대 해안 매축을 시작하여 1940년경에야 준공을 마무리했다. 매축 된 부지는 3만 4천여 평이었다. 이 남항의 매축은 부산 남항을 우리나라 최대 어항·어업전진기지로서 개발하고자 하는 계획이었다. 원래 충무동과 남부민동 해안은 선박을 접안하는데 어려움이 있는 자연해안이었던 것을 일제강점기에 중대형 어선들이 접안

[지도 1] 1904년 발행 지도를 현재 지도에 겹친 모습

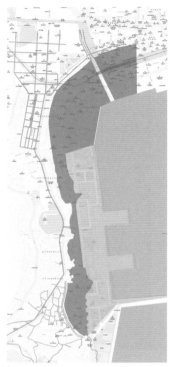

[지도 2] 남부민 해안 매축범위 표기 지도.
짙은 갈색이 일제강점기 매축 부분이며,
주황색이 1960년대 후반 매축 부분이다.

할 수 있도록 조성한 것이다. 하지만 해방이 되고 한국전쟁이 발발 이후 부산시에서는 현 충무동 해안시장 끝부분을 쓰레기를 해양투기 하는 진개장으로 사용했다. 이 진개장 주변에는 거대한 피란민 판자촌이 형성되어 있었다.

한국전쟁 휴전으로 피란 정부가 서울로 올라간 뒤 부산시에서는 북항 제1부두를 어업전용항으로 개발하면서 1961년 제1부두에 부산수산센터를 건립하여 1963년에 개장을 했다. 하지만 부산시에서 1962년부터 시작된 '신부산건설' 사업을 실시하면서 1966년에 북항은 무역전용항, 남항은 어업전용항으로 개발하고자 계획을 수립하고, 이에 현 새벽시장에서 남항방파제에 이르는 남부민해안매축을 계획하였다. 이미 일제강점기 때 매축된 남부민해안을 추가 매축하여 제1부두에 있던 수산센터의 이전과 냉동제빙공장·수산물처리 가공공장·위판장·선어처리 가공공장 등을 유치하고자 계획을 수립한 것이다. 이 남부민해안 매립지에 1971년 10월 부산공동어시장 건설공사에 착수하여 1972년 12월 준공했다. 이후 1973년 1월 북항 제1부두의 수산센터를 이곳으로 이전했다.

[사진 2] 1951년경 남부민 해안 부산시 진개장 모습. 해안시장 끝부분에 쓰레기를 해안에 투기하던 진개장이 있었다.

이 남부민해안 매립은 1967년 5월부터 남부민해안 호안공사를 실시하면서 시작되었다. 그런데 당시 현 충무동 해안시장과 새벽시장 일대에 무려 1,480여 가구에 3,000여 대가 살고 있었다. 피란민 무허가 판자촌이 해안가에 빽빽하게 들어차 있는 상황이었다. 남부민해안 매립공사는 우선 무허가판자촌 정리가 최대 난제였다. 이들 무허가 판자촌 철거라는 난제로 인하여 예정

[사진 3] 1969년 부산 남항과 남부민 해안 일대. 남부민 해안 매축공사가 한창 진행 중인 모습

[사진 4] 1945년 3월 충무동 여인숙 골목 일대 항공사진   [사진 5] 1950년 12월 충무동 여인숙 골목 일대 항공사진

보다 1년 늦은 1971년에 완료되었다.

　남부민해안 매립 시기인 1960년대 후반에는 당시 남포동에 위치했던 시외버스터미널이 충무동 사거리 현 ABC볼링장이 입주한 건물에 들어섰다. 이후 충무동은 교통과 수산업의 중심지로 부각되었다. 이 시기에 터미널에서 도로 건너 50미터 지점에서 150미터 지점에 이르는 골목을 따라 숙박업소들이 생겨났다. 대부분 화장실과 세면장을 공동으로 사용하는 여인숙들이었다. 이곳이 중형 숙박업소인 여관급이 아닌 여인숙 형태로 시작한 것은 건물의 규모 때문이었다.

　현재 이곳 여인숙들은 모두 10~13평 남짓한 규모다. 지도에 나타난 바와 같이 골목의 도로변에 위치한 가옥들은 그나마 10~13평 규모이

[지도 3] 1971년 발행 충무동 여인숙 골목 일대 지번 지도

[지도 4] 1985년 발행 충무동 여인숙 골목 일대 지번 지도

[지도 5] 1995년 발행 충무동 여인숙 골목 일대 지번 지도

[지도 6] 현재 충무동 여인숙 골목 일대 지번 지도

지만, 그 뒤로는 불과 3~4평 규모의 주택들이 들어서 있다. 이곳 주택들이 이렇게 협소한 것은 일제강점기에 이곳이 마구간이었다는 주민들의 증언이 있으나 기록으로 남겨진 것은 없다. 다만 1967년부터 공동어시장 신축을 위해 남부민해안 매축공사를 실시하면서 철거민들이 이곳으로 이주해 온 것이 아닌가 하는 생각이 든다. 1945년 이 일대를

촬영한 항공사진 '사진 4'를 보면 마구간과 같은 시설을 찾아볼 수 없기 때문이다. 그리고 '사진 5'의 1950년 항공사진에는 뚜렷하지는 않지만 가건물로 보이는 시설들이 나타나 있다. 그런데 1971년 발행 '지도 3'과 1985년 발행 '지도 4'에는 지금과 같이 매우 작은 지번으로 나누어져 나타나고 있다. 그래서 사는 집이 마굿간 크기 정도여서 자조적으로 마구간에 산다는 표현이 떠돌게 된 것이 아닌가 생각된다.

[사진 6] 1952~1953년경 충무동 해안 피란민 판자촌 모습. 쓰레기를 버리는 진개장 주변에 피란민 부락이 형성했다.

[사진 7] 1960년대 남부민초등학교와 충무동 해안 피란민 판자촌 모습

충무동 여인숙 골목의 변천

충무동 여인숙 골목의 역사는 50년이 조금 넘는다. 1960년대 후반 충무동 사거리에 시외버스터미널이 생기면서 이곳에 하나둘 여인숙이 생겨나기 시작했다. 부산에 일자리를 찾아 지방에서 올라온 사람들이 하룻밤 묵는 숙소가 된 것이다. 이후 인근에 부산공동어시장이 들어서

고, 충무동 해안 일대가 연근해 어선들의 정박처가 되면서 선원들도 찾는 공간이 되었다. 어선의 경우 월명기라 부르는 음력 보름을 전후한 6~7일 정도 기간은 고기가 잘 잡히지 않으니, 월명기 직전에 배가 항구로 돌아와 그간 어획한 고기들을 공동어시장에 경매를 넘기곤 했다. 그리고 다시 출항 준비를 하는 3~4일 동안 타지방에서 배를 타러 온 선원들이 임시숙소로 사용한 것이다. 뿐만 아니라 어선의 귀항일에 맞추어 지방에 있는 가족들이 선원들을 만나기 위해 머무는 공간이기도 했다. 1970년대까지 선원들은 월급을 현금으로 지급받던 소위 '월급 봉투 시대'였다. 게다가 선원들은 월급 외 보합제라는 시스템이 있어 어획고가 높을 때 따로 지급하는 수당도 있었다. 당시 선원들이 귀항을 하기 전 어선의 통신장을 통해 집으로 전보를 보내거나, 회사 사무실에서 집으로 전화를 하게 해서, 며칠에 부산항에 도착하니 어느 여인숙에서 기다리라고 소식을 전한 후, 가족들을 만나 생활비를 전하기도 했다. 지금은 은행 온라인 뱅킹이 보편화되어 월급이나 수당 등을 통장으로 입금하지만 그전에는 이렇게 가족들이 만나러 오거나 선원들이 우체국에서 우편환으로 돈을 보내기도 했다.

그리고 지금은 역사의 뒤안길로 사라졌지만 충무동 여인숙 골목 인근 해안에 여수뱃머리가 있었다. 즉 과거 연안여객터미널 선창이었던 곳이다. 육지 교통이 원활하지 못했던 시절에 날씨가 좋지 못하면 연안여객선이 출항하지 못하니 어쩔 수 없이 선창가 인근에서 하룻밤을 지낼 수밖에 없었기에 이곳의 영업도 활발했다. 충무동 해안시장이 발달한 것도 과거 이곳 연안여객터미널 주변에 여수나 통영 등 남해안 지방에서 가져온 농수산물 집하장으로부터 비롯되었다. 그리고 해안시장 주변 무허가 천막 상점들은 이들 남해안 지방에서 온 상인들에게 파는 물건들, 혹은 연근해 어선원들의 출항에 필요한 생필품 가게들의 번성과도 그 역사를 함께 한다.

1960~1980년대 원양어업뿐 아니라 연근해 어선을 통해 돈을 벌려고 수많은 농어촌 청년이 충무동과 영도 대평동 바닥으로 몰려들었다. 부산지역의 인구 증가는 한국전쟁으로 인한 피란민들의 정착을 1차 요인으로, 1960년대 신발, 의류 등의 산업화로 인한 인구 유입을 2차 요인으로, 1970년대에는 1960년대 산업화가 정착되면서 중화학공업의 육성으로 인한 농어촌지역의 도시로의 인구 유입이 큰 대세를 이루었다. 1970년대 초 새마을운동이 시작되면서 농어촌 부흥을 꿈꾸었지만 당시 농어촌지역의 젊은이들이 일자리를 찾아 도시로 몰려들었다. 당시 부산의 경우 신발, 의류, 합판 제조, 기계공업뿐 아니라 수산 산업도 함께 번성했다. 부산의 수산업은 1957년 원양어업 시험조업에 이어 1970년대 초부터 어선의 대형화와 함께 본격적인 원양산업으로 성장하게 되고, 이 시기 연근해어업의 활성화도 함께 이루어졌다. 이처럼 부산항을 중심으로 한 원양어업과 연근해어업의 발전은 충무동과 남부민동 해안을 중심으로 크게 번성했다.

충무동 여인숙 골목의 뒷이야기들

여인숙 골목은 애환이 많다. 1960~1970년대 신문기사를 검색하면 여인숙에서 음독을 했다는 내용, 연탄가스 중독 관련 내용, 그리고 성매매로 인한 단속 관련 내용 등이 많이 나타난다. 과거 이 골목에서도 성매매가 이루어지기도 했다는 전설 같은 이야기도 떠돈다. 이곳 주변의 과거를 돌이켜보면 그럴 수도 있었겠다고 짐작할 수 있다. 먼저 30여 년 전 여인숙 골목에서 불과 100미터 남짓 거리에 위치한 현 자갈치공영주차장 자리에 소위 '니나노집'들이 있었다. 보수천 하구를 복개한 이곳에 목조로 이리저리 엮은 판잣집들이 소위 아가씨들을 데려놓고 술과 안주를 팔았다. 지금은 사라진 감전동 '뽀뿌라마찌'라 부르던 곳과 같은 형태의 주점이었다. 이들 주점은 1990년대 초 보수천 일대 정비를 통한 공영주차장 건립 당시 철거되어 지금은 그 흔적을 찾아볼 수 없다. 그리고 이 골목에 300여 미터쯤 떨어진 곳에는 완월동이라는 사창가가 오랫동안 영업을 했던 장소인 만큼, 인근 숙박업소도 그런 영향이 미치지 않았겠느냐 하는 의심도 있을 법하다. 그리고 과거 이곳의 단골이었던 연근해 어선 하급선원들이 열흘이 넘는 고된 선상 작업을 마치고 다시 출항 준비를 하며 2~3일간 이곳에 머물면서 객지의 향수를 달래기도 했다고 여겨진다.

현재 이곳 여인숙 건물 규모는 10~14평 규모에 불과하다. 그리고 한 업소당 7~10개의 방을 확보하고 있다. 에어컨 설비가 안 되어 여름에는 선풍기로, 겨울에는 전기장판으로 난방을 해결하는 곳도 있다. 하룻밤 묵는 숙박비는 대부분 1만 5천 원으로, 방의 크기가 협소하거나 에어컨 시설이 안 된 방은 1만 원을 받기도 한단다. 일부 업소는 '달방'이라는 이름으로 방 한 칸에 월 20만 원을 받으며 유지하는 곳도 있다. 별도 보증금이 없으니 이곳에서 숙박을 하며 인근에서 식사를 해결하고 일을 나가는 사람들도 있다고 한다. 비록 이곳이 도시의 그늘과 같은 곳이지만 그 그늘조차 없다면 가난한 서민들은 풍찬노숙할 수밖에 없으니 이곳에서 생활할 수밖에 없는 사람들의 입장도 이해가 된다.

특히 이 골목 반경 100미터 이내에는 한 끼에 5천 원 정도 하는 식당들이 있고 안주 하나에 5천 원 정도 받는 주점도 있다. 200미터쯤 떨어진 충무동 골목시장 주변에는 1만 5천 원 정도면 안주 하나에 소주 2병을 먹을 수 있는 주점들도 줄이어 있다.

현재 남아있는 가장 오래된 업소는 50년이 조금 넘었다 한다. 1960년대 후반 시외버스터미널이 생기면서 여인숙도 우후죽순격으로 생겨났고, 한때 15곳 정도까지 있었다고 한다. 현재 공식적으로는 10곳이 남아있다. 그동안 주인이 바뀐 곳도 많지만 절반 이상은 주인이 바뀌지 않고 처음부터 운영하고 있는 가게라 한다. 20년 전 인수하여 운영하고 있는 한 업소는 인수할 당시만 해도 경기가 좋았다 한다. 당시 충무동 해안 주변을 오가는 연근해 어선 하급선원들의 쉼터로서의 역할을 톡톡히 했던 것이다. 여인숙이 단순히 풍찬노숙을 피하는 정도라면 오늘날 선원들의 고정수입이 보장된 지금은 보다 격이 높은 모텔을 선호하고 있기에 예전과는 분위기가 달라진 것이다.

이 골목에 들어서면 주변 골목과 다른 분위기를 느낄 수 있다. 여인숙을 비롯한 인근 건물 입구가 모두 꽃으로 치장되어 있다. 업소 규모가 적은 만큼 청소 등을 맡아서 하는 사람을 두지 않고 스스로 해결하면서 남는 시간에 이렇게 꽃을 가꾸어 놓은 것이다. 화분에 심어진 것도 있지만 물통이나 바께쓰(양동이) 등에 심은 식물들이 계절별로 꽃을 볼 수 있도록 다양하게 심은 걸 보면, 매우 정성을 기울인 흔적들이 보인다.

[사진 8] 충무동 여인숙 골목 일대. 보광약국 건너편 골목

[사진 9] 충무동 여인숙 골목 일대. 보광약국 옆 골목

[사진 10] 충무동 여인숙 골목의 야간 모습

[사진 11] 충무동 여인숙 골목의 야간 모습

　　현재 업소를 운영하는 주인들 대부분이 50~60대로 모두 지금까지 해왔던 일이기에 힘이 있는 한 운영을 계속하겠다고 했다. 그동안 이 공간을 통해 자녀 교육과 혼사를 다 치뤘고, 아직도 소일거리를 겸한 수입에 만족하는 눈치들이다. 야간에는 업소 입구에 의자를 놓고 나와 있다. 안내실이 좁은 탓도 있지만 이웃들과 이야기를 나누는 소일과 함께 지나는 손님들을 호객하기도 하는 것이다.

여인숙 건물 뒤로 다닥다닥 붙어 있는 3~4평 건물로 인해 재건축은 불가능하다는 입장이다. 이 평수를 팔고는 전세도 못 얻을 상황인 것은 분명하지만 시장통 인근에 있어 무엇을 하든 억척스럽게 살아온 세월로 남부럽지 않은 생활은 유지해 왔다고 다들 말한다.

시외버스터미널이 이전한 지도 40년이 넘었고, 이곳 연안여객터미널이 사라진 지도 40년 가까운 세월이 흘렀지만, 여인숙 골목이 여전히 남아있는 것은 전업을 할 수 없는 상황에 처해있기 때문인지도 모른다. 좁

[사진 12] 충무동 여인숙 골목길 사이 골목 모습

[사진 13] 충무동 여인숙 골목 옆 해안시장 모습

은 평수에 신축은 엄두를 낼 수도 없고, 업종을 전환하기에는 비용도 비용이지만 업주들의 나이가 많이 든 탓도 있다.

충무동 해안에서 느끼는 부산항의 이면사

부산항의 이면을 느끼고 싶다면 충무동 여인숙 골목에서 하룻밤 숙박을 권하고 싶다. 비록 공동세면장을 이용해야 하는 불편은 있겠지만 이 골목을 중심으로 반경 1km 이내에서 펼쳐지는 낮과 밤이 주는 분위기를 과연 대한민국 어디에서 맛볼 수 있는가? 오전 6시에 펼쳐지는 공동어시장 경매를 구경하고 그 인근에 새벽 4시부터 문을 여는 식당을 드나드는 어시장 사람들이 있다. 다시 해안을 따라 여인숙 골목으로 오는 길 해안에 위치한 새벽시장에서 펼쳐지는 난장 분위기들, 그리고 해안에 집채처럼 쌓여있는 생선 상자들 사이로 부지런히 장어 미끼를 꿰는 사람들도 있다. 그리고 생선뿐 아니라 과일과 꽃을 파는 가게와 선원들을 위해 헌책을 파는 가게, 옛날 과자가게 등등 그야말로 어느 시골의 오일장터와 같은 분위기가 남아 있다. 그리고 자갈치시장, 국제시장, 용두산공원, 부평깡통시장도 모두 반경 1km 이내에 들어 있다. 지금의 부산이라는 대도시로 변하기 전 옛 모습을 한껏 느낄 수 있는, 어찌 보면 타임머신을 타고 온 듯한 이곳에서 자신의 삶을 한 번쯤 되돌아볼 기회도 찾을 수 있는 곳이 충무동 여인숙 골목과 그 주변에 펼쳐져 있다.

3. 경계를 넘나들다

소설가

부산에서 나고 자랐다.

소설집 『자살관리사』, 『짬뽕 끓이다 갈분 넣으면 사천짜장』을 발표했다.

소설가 길남 씨가 본격적으로 부산을 돌아다니는

로컬에세이 『하하하, 부산』을 썼다.

부산항에서 출항한
원양산업

– 2021년, 더 위대한 원양개척정신을 위하여

배길남

부산항 제1부두의 의미

소설가 길남 씨는 얼마 전 북항 제1부두로 몰아칠 뻔했던 북항 재개발의 칼날이 아슬하게 비껴갔다는 소식을 들었다. 피란수도 유네스코 등재를 목표로 부산의 근·현대 문화유산에 대한 보존 논의가 활발하게 이뤄지는 분위기 속에서 부산항 북항 제1부두의 원형 보존이 결정됐다고 한다. 부두의 역할이 크게 사라진 가운데 그 실효성에만 시선을 둔 논의가 우선했기에 고층 아파트를 짓는다, 도로를 낸다는 등의 판에 박힌 개발론들이 설쳐댄 것도 사실이었다. 그러나 생각해보라. 부산시의 근현대 문화재에 대한 이해 부족은, 아니 철저한 몰이해는 역사적 장소와 주요 건축물을 모조리 파괴해 버린 전과를 가지고 있지 않은가? 북항 재개발이 정말 제대로 된 부산의 새 얼굴을 만드는 사업이라면 이제라도 제대로 된 역사성을 계승하는 것이 1순위가 돼야 할 것이다. 물론 절대 1순위가 되진 않을 것이지만….

제1부두는 정말 엄청난 역사를 소유한 공간이다. 북항 전체를 살피자면 1407년 부산포왜관을 시작으로, 임진왜란 이후 일본과 300년 평

감천항 원양어선 전용부두 전경 ©전국원양산업노동조합

화를 만들어냈던 두모포 왜관과 초량왜관으로 부두의 역사가 시작된다. 1876년 부산포로 개항했던 이곳은 일제강점기에 새롭게 재탄생한다. 1912년 우리나라 최초의 근대식 부두로 축조된 곳도 바로 제1부두이다. 이곳은 근대식 무역항으로 역할을 담당하며 가축과 농산물 등 일제수탈과 대륙침탈의 시작이 된 현장이었다. 또 일제강점기에는 강제징용 노동자가 떠나고 일본인이 들어온 곳인 동시에, 해방 직후에는 귀환 동포가 돌아오고 일본인이 떠나는 곳이라는 두 가지 역할을 함께 수행한 곳이기도 했다. 한국전쟁 때는 유엔군과 구호물자가 들어오는 나라의 생명줄 역할을 담당했고, 전쟁이 끝난 후에는 경제개발계획의 수출과 산업 물류 유통의 선두가 됐던 제1부두…. 국제여객터미널로 오고갔던 수많은 사연과 베트남 파병으로 떠났던 수많은 청춘의 흔적도 빠질 수 없고, 원양어선 제1호 지남호가 원양개척의 첫 임무를 띠고 떠났던 곳도 제1부두였다.

길남 씨는 제1부두의 역사를 적다 이제 그만두기로 한다. 다른 분들이 충분히 기록할 것이라 믿기도 하거니와 너무 길고 너무 많다. 그런데 이런 역사를 흔적도 없이 지워버리려 했다고? 몇 자 더 쓰려다 차라리 말고 마는 길남 씨이다.

부산항에서 출발하다 – 원양산업의 발전과 현재

그건 그렇고 원양어선 제1호 지남호는 어떤 사연을 가지고 있을까? 1950년대 전쟁을 끝낸 대한민국 정부는 국민의 부족한 식량을 위해 원양어업에 상당한 관심을 가지게 된다. 정부는 국가 차원에서 미국의 해양조사선 워싱턴호를 1949년 32만 5,000만 달러에 사들였는데, 이 선박은 크기가 작았어도 최신 조사선답게 냉장시설과 수심탐지기, 어군탐지기 등 최신장비를 탑재하고 있었다. 이승만 대통령은 이 선박에 '남쪽 바다에서 돈을 벌어 오라'는 의미를 담아 '지남호(指南號)'라는 이름을 붙여줬다. 1957년 6월 29일 230톤급 지남호가 제1부두를 빠져나오며 대한민국의 원양어업은 시작된다. 목적지는 인도양. 최초의 원양어업을 위한 출어였다.

이후 원양어업은 하나의 산업으로 크게 발전하기 시작한다. 1960~1970년대에 원양어업이 벌어들인 외화를 통해 우리나라 경제 발전의 초석이 다져졌다고 할 만큼 원양어업의 발전은 대단한 것이었다. 원양어선원이 가장 많았던 해에는 한 해 어선원이 2만 2,894명에 달하기도 했으며, 1965~1975년 획득한 외화만 6억 6,347만 달러였다. 하지만 안전과 인권은 무시되던 세상이기도 했다. 북해로 명태어장을 개척하기 위해 떠났던 첫 선단은 출발 선원의 3분의 1이 목숨을 잃기도 했고, 사모아와 라스팔마스에는 아직도 여덟 곳의 묘지에 묻힌 선원들이 327명이나 있다. 이도 물론 일부에 해당한다. 이국의 선원묘지엔 박목월 시인의 '땅끝 망망대해 푸른 파도 속에 자취 없이 사라져 갔지만 우리는 그들을 결코 잊지 않을 것이다'라는 헌사가 쓸쓸하게 남아있다고 한다. 그렇다하더라도 원양산업은 지금까지 끊임없이 우리나라 산업의 일부로서 그 역할을 담당하고 있다. 원양산업은 아직도 우리나라 소비 수산물의 50%를 담당한다.

"내가 학교에서 통신과를 졸업하고 나오니 자리가 없어. 배들도 많아지고 너도 나도 배를 타려고 하는 거야. 게다가 통신면허만 가지고 배를 탈 순 없었어. 해기사 면허도 따야 하고, 선원수첩 발급을 위해 신원조회도 통과해야 하고. 또 각종 자격 과정을 습득하고 나서야 탈 수 있었으니까."

전국원양산업노동조합(이후 원양노조) 박진동 위원장의 이야기이다. 물론 통신장은 배 위에서 선장과 1항사 다음으로 높은 직책이었지만, 원양산업은 대한민국 수출의 5~6%를 담당하고 있었다. 이런 산업의 최전선에 나가는 원양어선원이 어느 정도 고급·전문 인력이었는지 알 수 있는 대목이다.

전국원양산업노동조합 박진동 위원장

"1980~1990년대 자갈치, 남항 시절엔 태평양 무라사키 오징어 유자망 어업이 전성기였지. 보통 3월에 나가서 12월에 돌아오곤 했는데 정말 바글바글했어. 배 들어오는 것도 전쟁이고, 전재하는 것도 전쟁이고, 수리하는 것도 전쟁이었지."

제1부두를 통해 들어오던 원양어선들은 1970년대 이후 자갈치항과 남항으로 들어왔는데, 수상택시라 불리는 통선의 전성기도 이때였다. 자갈치시장과 남포동이 지금과 같이 유명하고 크게 성장한 이유도 원양산업 덕분이었다. 바로 이 원양어선의 항구가 이곳이었고, 그 선원들이 몰려들던 곳이었기 때문이었다. 유자망 어선은 157척까지 늘어났다가 UN의 제재로 인해 이후 조업이 중지되었다. 하지만 참치통조림이 대중화되던 시기였다. 통조림용 다랑어를 잡는 최신 참치선망선이 늘어갔고, 고급 참치회를 일컫는 마구로배, 즉 참치연승선도 한창 활약할 때였다. 그뿐인가? 베링해에서 직접 잡은 명태와 북태평양의 꽁치, 남극의 메로(이빨고기), 아프리카의 조기, 민어…. 원양어업으로 잡은 수산물은 가공과 유통, 수출로 이어졌다. 이는 순수한 대한민국의 힘과 기술로 이루어진 원양산업으로 더 크게 발전한다.

현재 원양산업을 담당하는 항구는 감천항이다. 감천부두 곁의 도로 이름은 '원양로'이고, 그 부두의 별칭도 원양123부두이다. 부산시는 1990년대부터 서구 암남동에서 사하구 감천동에 이르는 해안 지역에 동북아 최대 규모의 수산 물류 무역 기지를 조성하는 계획을 수립했었다. 현재까지 일부는 완료, 일부는

감천항에 위치한 원양선원회관
ⓒ전국원양산업노동조합

진행 중이다. 현재 원양어선의 종류는 대략 참치선망선, 참치연승선, 꽁치봉수망, 오징어채낚이, 트롤어선 등으로 나뉜다. 남아 있는 원양어선의 수는 약 200척 정도로 알려져 있다. 원양산업은 분명 쇠퇴했지만 다른 한편으로는 발전이 진행형으로 계속 이뤄지고 있다. 어업 기기의 첨단화와 노후어선의 교체, 그리고 안전운행과 불법어업 지양, 인식의 변화, 선원복지 등등 여러 가지 인프라가 바뀌었고, 바뀌는 중인 것이다. 2021년에도 원양산업은 여전히 국민의 먹거리와 외화 획득에 큰 기여를 하는 효자 산업이다. 또 진취적 원양개척정신은 여전히 부산을 이끄는 동력 중 하나임이 분명하다. 그런데 대다수의 사람이 그 역사를 잘 기억하지 못한다. 도리어 잘못된 선입견으로 바라보는 이가 대다수인 것이 현실이다.

원양어선원의 선입견부터 깨고 가자

2020년 히트를 쳤던 드라마 〈이태원 클래쓰〉의 주인공 박새로이는 온갖 시련을 당하고 교도소에서 출소한다. 그는 밑바닥부터 다시 시작해 복수를 시작하려 한다. 그래서 그가 선택한 최초의 밑바닥이 어딘지 아시는 분?

그것은 바로 원양어선.

소설가 길남 씨는 바로 이 장면에서 개탄을 금치 못한다. 2020년 이 대명천지에 최고 밑바닥이 원양어선이라고? 게다가 박새로이가 비장한 표정으로 돌아서서 떠나는 부두는 컨테이너가 쫙 깔린 해운부두. 참

꽁치봉수망어선 ⓒ전국원양산업노동조합

오징어채낚기어선 ⓒ전국원양산업노동조합

치연승선, 참치선망선, 트롤, 꽁치봉수망 등등 원양어선은 눈에 띄지도 않는다. 이거 뭐, 고증은 제대로 된 거야?

이른바 원양노조라는 원양어선원을 위한 노동조합 홍보과장으로 4년 반을 근무했었던 길남 씨. 그는 아직도 저런 선입견이 통용된다는 사실이 안타깝다. 물론 육지를 떠나 1년에서 2년 가까이 바다에서 생활해야 하는 원양어선원의 작업환경이 훌륭하다고만 할 수 없다. 하지만 무슨 정글이나 오지에 끌려가듯이 묘사되는 선입견은 사라져야 하지 않을까 생각하는 것이다.

먼저 길남 씨는 정확을 기하기 위해 원양어선 통신장으로 약 20년 간 근무했고, 현재 원양노조에서 기획본부, 조직본부, 홍보부를 두루 섭렵하며 근무하고 있는 정 모 부장에게 전화를 건다.

"아이고, 행님. 잘 지내지요? 밥뭇써예?"
"밥은 아직 안 뭇지. 근데 와?"

전국원양산업노동조합 정찬호 부장

"아, 영화 같은 데 보믄 막 거지 같고 수틀리믄 원양어선 타고 그란다 아이요?"

"어, 요새도 그라나? 그거 완전 뻥이지."

"그래가 내 같은 보통 사람이 원양어선 탈라믄 우째야 되는지 좀 가르치 주소. 그라이까 보통 사람들도 좀 들어본 선원수첩부터 받을라믄…."

"선원수첩 받기가 쉽나? 일 그만둔 지 몇 년이나 지났다고 물어 보노? 그라이까…."

자, 이제부터 국가가 "당신이 선원이요" 하고 선원 자격을 인정해주는 선원수첩을 발급해주기까지의 과정을 알아보자.

우선 당신은 해양수산연수원이란 곳을 찾아 오션폴리텍 해기사 양성 과정을 신청해야 한다. 항해사, 기관사 등이 보통 선원의 직책인데 이를 해기사라 한다. 자격면허는 1급부터 6급까지 있는데, 오션폴리텍은 일반인을 상대로 해기사를 양성하는 곳이다. 이 과정이 보통 6개월~1년인데 필기시험을 쳐서 합격 여부에 따라 처음 말했던 선원수첩이 발급된다. 여기에 안전교육 3일, 전문분야 교육이 3~5일 과정으로 서너 개가 세트로 연속해서 시행된다. 자, 그러면 여기서 원양어선을 바로 탈 수 있냐고? 천만의 말씀! 이후 당신은 6개월~1년 동안 비교적 일이 수월한 여객선, 상선 등에서 승선실습을 거친다. 이 모든 과정이 끝나야만 원양선사와 면접을 볼 수 있다. 물론 합격해야 초급사관으로서 3항사, 2항사 등의 직급으로 원양어선에 오를 수 있는 것이다.

불법? 최첨단 소통 시스템의 원양어선

전화를 끊은 길남 씨는 다시 한 번 생각한다. 박새로이는 저 과정을 과연 거쳤을까? 극의 흐름상 당연히 NO! 작가의 어설픈 상황설정에 지나지 않는다는 점. 혹시나 해서 몇 가지 더 추가하자면 세상과 단절 되기 위해서는 절대 원양어선을 타면 안 된다는 점. 불과 5년 전쯤에만 해도 약간 단절되는 맛은 있었지만 지금은 인터넷이 모조리 깔려 선원 들이 매일 카카오톡을 하는 세상이다. 혹시 인터넷을 달지 않은 배가 있지 않냐고? 이제 이 주제로 최첨단 원양어선원의 현실을 밝혀보기로 하자.

참치선망어선 ⓒ전국원양산업노동조합

참치연승어선 ⓒ전국원양산업노동조합

트롤어선 ⓒ전국원양산업노동조합

저 멀리 남태평양에 있든, 인도양에 있든 우리나라 원양어선은 모조리 부산 기장에 있는 동해어업관리단의 조업감시센터(FMC : Fisheries Monitoring Center)에 등록되어 있다. (왜 부산이냐면 원양어선의 90% 이상이 부산 감천항으로 들어오기 때문이다. 우리가 먹는 참치통조림을 비롯해 꽁치, 명태, 민어 등등 대부분의 생선이 감천항을 통해 들어온다는 사실!)

FMC에 가보면 우리 원양어선 200여 척이 모두 어느 위치에 있고 어디로 가는지 나타나 있는데, 이 놀라운 시스템이 만들어지기까지는 사정이 있었다. 우리나라가 2013년 당시 EU에 IUU(불법어업국)로 등록되면서, 정부는 부랴부랴 FMC를 세웠는데 위대한 대한민국은 몇 개월 만에 이 시스템을 성공리에 안착 시켜 세계를 놀라게 했다. 물론 IUU에서 탈출한 것은 물론이다. 이후 2016~2017년 원양어선에 영상감시시스템 장치를 함께 달았는데, 이는 카메라를 통해서 어획물들을 어떻게 잡았는지 확인하기 위함이다. 여기서 예기치 못한 보너스가 따라왔다. 화면이 위성을 통해 전송되려면 위성 인터넷이 되어야 했다. 현재 모든 원양어선원이 카카오톡으로 세상과 소통하고 있는 이유이다. 여기에 더해 원양어선에 설치된 위치추적장치를 임의로 작동하거나 조작할 수 없도록 하는 '어선위치추적장치의 설비 및 운영방법 등에 관한 고시'가 2021년 8월에 제정되기도 했다. 이런 막강 첨단 시스템 속에서 운영되는 원양어선 어업활동의 모습이 잘 알려져서, 폭력이나 불법어업 따위의 선입견이 이제는 사라졌으면 하는 바람이다.

글을 마치며

소설가 길남 씨는 방대하고 원대한 부산항 제1부두의 역사와 원양산업의 역사를 원고지 30장으로 담는다는 것이 애초에 무리한 일임을 잘 알고 있다. 벌써 30매 정도의 내용이 분량에 맞추느라 날아간 상태이다. 다만 원양산업에 관련된 여러 오해와 원양어선원에 대한 선입견이 사라지길 바라는 마음을 깊이 담았다는 점을 분명히 밝힌다. 물론 부정적 선입견을 낳은 수많은 부조리가 모조리 개선된 것은 아닐 것이다. 하지만 사람과 환경을 우선시하는 최근 원양산업의 동향은 더 위대한 원양개척정신을 만들 것이라는 기대를 하게 한다. 부산항과 원양어업에 대한 글이 여태까지 많지 않았다. 이번 기회로 더 많은 내용과 이야기가 다뤄지는 계기가 되기를, 우리가 모르거나 잊었던 역사, 그리고 그 속에서 뜨겁게 살았던 사람들의 이야기가 다시 회자되기를….

작가

30년 넘게 부산에서 살아오다 잠시 세상을 여행했습니다.

세상은 넓었고, 할 일은 많았습니다.

어쩌다 보니 귀국 후 글을 쓰고, 말을 하며 살아가고 있습니다.

지난 3년 동안 인문 에세이 『우리가 글을 쓴다면』 외 3권을 출간했습니다.

부산항의 미래는
어디로 향하는가?

김성환

여름 장마의 마지막을 기념이나 하듯 비가 세차게 퍼부었던 7월의 어느 평일 오후, 부산 중앙동에 있는 한국선장포럼에 들러 김영모 사무총장을 뵈었다. 김영모 사무총장은 외항선에서 일항사까지 지낸 후 한국해양수산연구원 교수로 31년간 근무했다. 이후 부산으로 귀항하여 3년째 사무총장으로 근무 중이었다.

"해양업과 관련된 사람이 아니라면 부산항에 대해서 잘 알지 못할 겁니다. 해기사 출신들도 부산항의 기능을 잘 모르는 게 사실이거든요."

부산항 관련 이야기의 초입에 들은 말이 인상 깊었다. 사람들은 부산을 우리나라 제2의 수도이자, 제1의 해양도시라고 부른다. 그러나 부산시민들조차 전공이나 업과 관련되지 않았다면, 부산항에 관해서 별도의 공부를 하지도, 알

한국선장포럼 김영모 사무총장

아볼 노력을 하지도 않는다. 나 또한 2년 전에 우연히 부산의 해양 산업에 대한 글을 쓸 기회가 있었기에 부산항에 대한 여러 이야기를 접했다. 조금은 부끄럽지만, 그전까지 부산항에 대해 아는 거라곤 서울에 사는 아무개 씨가 아는 상식 정도였다.

"부산항은 현재 북항재개발사업을 진행하는 지역만을 말하지 않습니다. 대부분 부산항이라고 하면 부산역 뒤에 있는 무역항구, 부산여객터미널 정도로 알고 있을 겁니다."

부산항은 부산광역시에 소재한 대한민국 최대의 무역항이다. 항만 관리상의 항만법에 의한 부산항과 부산광역시 행정권역상으로 말하는 부산항은 그 개념이나 범위가 다르게 해석된다. 일반적으로 부산항은

남항에서 바라본 북항

북항, 남항, 신항, 감천항, 다대포항을 의미한다. 그런데 김영모 사무총장의 말대로 대중적으로 알려진 부산항은 부산역 뒤편에 있는 항구인 북항을 가리킨다.

북항이 대중적으로 부산항으로 인지하게 된 데는 물동량의 역할이 컸다. 부산항은 2020년 기준 컨테이너 항만 중 물동량이 세계 7위에 달할 정도로 규모가 크다. 북항은 오랫동안 부산 해운 물동량의 중심지 역할을 했다. 1990년대 후반 신항의 역할이 본격적으로 대두되기 전까지 북항 주위는 수많은 컨테이너만큼이나 사람과 차량으로 늘 북적였다.

1970년대 부산항의 성장

1997년 우리나라는 수출액 100억 달러를 돌파했다. 1964년 수출액 1억 달러를 달성한 지 불과 33년 만의 일이었다. 전쟁으로 폐허가 된 한 나라의 국민들이 일궈낸 영광스러운 일이었다. 그 중심에는 부산항이 있었다. 부산항이 이렇게 성장할 수 있었던 이유는 1960년대 후반부터 시작된 컨테이너선의 도입을 들 수 있다.

1960년대 이전에는 일반 화물선에서 정기 화물을 운송했다. 그런데 점차 운송 시간이 지체되고 비용이 증대되는 문제가 발생했다. 이러한 부분을 본격적으로 해결하고자 등장한 것이 컨테이너선이었다. 당시 미국은 베트남 전쟁에 사용될 무기와 장비를 효율적으로 운송하기 위해서 화물의 컨테이너화가 필요했다. 미국을 시작으로 세계 전역에서 컨테이너선이 건조되어 기존의 벌크선을 대체하기 시작했다.

1970년 3월 2일, 미국 선사 시랜드(Sealand)가 컨테이너를 싣고 부산항 제4부두에 들어왔다. 당시 정부와 화주들에게 초미의 관심사였다. 이전까지 부산항은 생필품이 주 하역 물품이었다. 수출용 원자재들은 비중이 크지 않았다. 배가 커져도 하역 방식에 크게 변화를 줄 이유는 없었다.

그런데 컨테이너가 들어오면서 모든 상황이 변하기 시작했다. 컨테이너를 수용하기 위해서는 컨테이너 전용부두 건설, 하역 크레인 배치, 적재장 마련 등 시스템의 변화를 추구할 수밖에 없었다. 다행히도 정부의 항만 시설 투자가 부산항의 항만 부두 개발로 집중되면서 변화에 더욱 탄력을 받을 수 있었다. 특히 제4부두는 1972년에 민간자본으로 만들어진 창고 네 동이 지어지면서 컨테이너 전용부두로서의 역할을 충실히 시행했다. 이후 부산항 근대 개항 100주년 기념사업의 일환으로 조성된 제5, 6부두(현 허치슨터미널)를 컨테이너 전용부두로 개발하면서 컨테이너 전용부두 시대가 열렸다.

컨테이너 도입 이전에 부산항의 성장에 기반이 되었던 건 일본과의 접근성이었다. 1960년대만 하더라도 주로 외국 선박들의 기항지가 일본이었다. 외국 선박이 일본에 기항하면 한국까지 올 이유가 마땅치 않았다. 일본에서 내린 짐을 한국으로 옮기는 역할을 부산이 도맡았다.

그런데 중국의 경제대국으로 성장하면서 그러한 흐름이 조금씩 바뀌고 있다. 최근 들어 외국 선박이 일본이 아닌 중국으로 모항을 기항한다. 지리적 위치상으로 중국과 부산은 일정 거리가 존재한다. 중국에서 한국으로 화물을 옮길 때 서해안을 주로 활용하면서 인천항이 급속히 발전하게 되었다. 실제 인천항은 중국과의 연계를 비롯한 지속적인 시설 투자를 발판으로 물동량이 꾸준하게 증가하고 있다. 전문 조사 기관에 따르면 2030년 인천항의 컨테이너 물동량은 현재의 1.5배 수준인 500만TEU까지 증가할 것으로 예측한다. 지난해 정부가 예측한 422만TEU를 크게 웃도는 수준이다. 물론, 2030년 부산항의 목표치인 3,200만TEU에는 한참 못 미치는 수준이다. 그렇다고 인천항의 무서운 성장을 간과해서는 안 될 일이다.

코로나 시대에서 부산항과 해운의 모습은 어떠할까?

코로나19로 인해 온라인에 기반을 둔 사업이 아니라면 대부분 산업이 큰 타격을 받았다. 해운업이라고 피해갈 순 없었다. 그런데 해운 관련 업계 사람들은 입을 모아 그렇지 않다고 이야기한다. 실제로 해운산업은 2008년 금융위기 사태 이후로 최고의 호황을 맞이하고 있다. 전

제1부두에서 바라본 영도

제1부두에서 바라본 북항 지역

문가들도 전혀 예상하지 못한 부분이다.

현재 컨테이너 시황은 2009년 이후 최고 실적을 갱신 중이다. 세계 최대 선사인 머스크의 지난해 영업이익은 전년 대비 44% 증가했으며, 올해는 작년 실적을 웃돌 것으로 전망되었다. 대형선사뿐만 아니라 중소 해운사도 호황을 누리고 있다. 해운업 관련 주가는 매년 내리막을 걷다가 컨테이너 시황에 영향을 받아서 지난해 2월 이후로 급반등을 보인다.

예상과는 다른 흐름의 원인으로 여러 가지를 이야기하지만, 대표적으로 물동량 증가와 컨테이너 품귀 현상을 주원인으로 꼽는다. 중국을 비롯한 주요 국가의 소비가 빠르게 회복되면서 물동량이 급격히 증가했다. 동시에 지난 3월 발생한 수에즈 운하 사건을 비롯해 방역을 위한 통관 절차가 복잡하고 엄격해지면서 컨테이너 회수가 선박 운항에 영향을 미치고 있다. 또한, 해양환경에 대한 문제가 지속 대두되면서 선박의 규제가 강화되었다. 선사들은 강화된 규제에 선박을 맞추기 위해 수리함으로써 가용할 선박이 줄어들었다. 결국 해운업의 호황은 늘어나는 수요에 공급이 따라가지 못함으로써 발생한 일이었다.

해운업의 호황은 자연스럽게 부산항에도 영향을 미쳤으며, 부산 경제에도 긍정적인 효과를 끼쳤다. 다만 모든 현상에는 명(明)이 있으면 암(暗)이 존재한다. 대표적으로 코로나로 인해 선원들의 교대가 원활히 이루어지지 않아, 근무 여건이 열악해졌다. 법적으로 한 달 근무이지만, 그 이상으로 근무하는 경우가 태반이다. 외국에 기항하는 외국 선원들도 마찬가지다. 선원이 특수직업군으로 인정되지 않기에 각 정부에서도 특별한 해결 방책이 없다. 해운 산업이 지속 성장하려면 이러한 부분부터 하나씩 해결되어야 할 것이다.

부산항의 미래는 어디로 향하는가?

해운의 호황이 지속된다는 보장은 없다. 아이러니하지만 코로나19가 오기 전까지 해운은 매년 끝 모를 바닥을 향하고 있었다. 그런 점에서 북항재개발과 신항의 역할 증대가 무엇보다 중요하다. 부산항의 명운이 걸려있다고도 볼 수 있다.

북항은 수심이 얕아서 대형선박이 기항하기 어렵다. 외항 방파제부터 내항까지 항로를 전부 준설하기에는 비용과 시간이 효율적이지도, 효과적이지도 못하다. 게다가 구도심을 중심으로 컨테이너 터미널이 만들어지다 보니 내륙에 컨테이너 보관 장치 공간이 필요하다. 배후 도로 확보가 미흡해서 물류 병목 현상이 계속 발생할 수밖에 없다. 북항 근처로 운전을 해본 사람이라면 누구나 느끼는 부분일 것이다. 기존 시설이 아깝다고 하여 기존대로 존치하거나 기능을 추가하는 건 땜질식 처방에 가깝다. 기존의 북항으로는 시대의 변화를 따라갈 수 없음을 받아들여야 한다.

다만, 항만의 기능이 컨테이너에만 있지는 않다. 일반 화물, 여객선, 벌크 화물 등도 이동해야 하므로 일부 기능은 북항에서 유지하는 게 필요할지도 모른다. 최소한의 부두 기능을 제외한 나머지 시설은 신항으로 옮겨 기능을 전환시키고, 부족한 부분은 투자할 필요가 있을 것이다.

여객터미널에서 바라본 북항재개발지역

　북항이 재개발된다는 사실보다 중요한 건 '어떻게 개발할 것인가'
이다. 이해관계자들이 서로의 다른 입장을 어떻게 균형 있게 조절할지
가 중요하다. 수익 중심의 사업 방향만 바라보기보다는 부산시민과 해
양, 국가적인 부분 모두를 고려하는 방향이 검토되어야 한다. 동시에
해양에 대한 국가의 투자와 부산시민의 이해·배려가 이어진다면 더 나
은 부산항을 향해 한 발자국 나아갈 수 있을 것이다.
　7월의 어느 평일 오후, 오랜만에 북항을 찾았다. 장마가 끝나서인지
유독 더운 날이었다. 가만히 있어도 이마에 땀이 송골송골 맺혔다. 부

산항 야외 주차장에 주차했다. 축구장 크기만큼이나 넓은 주차장에는 손으로 직접 셀 수 있을 만큼 차량의 수가 적었다. 이전에도 만차를 본 적은 없지만, 누가 봐도 공간이 텅 빈 듯했다. 그 사실을 증명이나 하듯 주차장 옆에 마련된 부산항 힐링야영장에는 야영의 필수품인 텐트가 하나도 없었다. 주차장에서 부산여객터미널까지 5분여가량을 걷는 동안 여객터미널 직원인 듯한 두 사람을 제외하고 다른 사람의 모습은 보이지 않았다. 뜨거운 햇살보다 더 지독하게 내리쬐는 코로나19를 피하려 각자의 공간 어딘가에 머물러 있을 것이다. 여객터미널 2층 난간에 서서 부산항대교를 기준으로 하여 시계방향으로 눈길을 옮겼다. 아름다운 영도의 모습에 시선을 오래도록 빼앗길 뻔했으나, 잠시 뒤 시선의 목적지인 북항재개발지역에 도착했다. 하늘 높이 솟은 크레인들은 더위와 코로나에 크게 개의치 않는다는 듯 열심히 자기 업무를 하고 있었다.

지난 6월을 기준으로 북항재개발 1단계 공정률이 80%에 달했다. 특별한 문제가 없다면 올해 말까지 오페라, 지하차도를 제외한 기반 시설 공정률이 95%에 도달할 것이라고 한다. 북항재개발이 완성단계에 접어들수록 수많은 선박이 입출항하던 부두 본연의 역할은 역사의 뒤안길로 접어들게 된다. 중요한 것은 '어떻게'이다. 경제적 논리만이 아닌 항만, 바다와 가까운 공간을 정책적으로 잘 활용하는 노력이 필요하다. 지금의 올바른 선택이 20~30년 후 부산을 해양비즈니스와 문화·관광 중심 도시로 탈바꿈할 수 있는 기반이 될 수 있다.

교수

중앙대학교 사진학과를 졸업하고
1996년 동주대학교 교수로 재직 중.
다큐멘터리 사진과 순수창작 작업으로 알려진
부산을 대표하는 사진가로서
문화예술의 영역과 사회복지를 연계한
문화복지 현장활동가로 인정받고 있다.

유행(流行)의 시작,
부산항

박희진

　부산항의 역사와 유래는 다양한 문헌과 자료에서 확인할 수 있으나, 부산항과 얽힌 시민들의 삶과 애환이 함께한 이야기는 공식 문서와 기록들만으로 읽어서는 이해하기 힘든 점이 있다. 삼면이 바다로 둘러싸인 우리나라의 지리적 여건으로 짐작해 보면, 바다를 지키고 보호하는 임무는 다른 어떤 사회적 역할보다 중요하다고 할 수 있다. 이에 부산항을 담당하는 해양경찰과 항구에 얽힌 이야기들을 전직 해양경찰을 통해 밝혀보았다.

여객터미널에서 바라본 북항재개발지역

독도에 나타난 일본 측량선 대처로 '최순신'이라 별명 얻어

1971년 부산시 경찰학교 36기에서 해양경찰을 순경으로 시작하여 36년간의 근무를 마감하고 치안감으로 퇴직한 최원이 씨는 "항구는 유행의 시작이다. 신문물은 물론이고 먹거리와 옷 입는 패션까지 유행의 시작은 항구, 바로 부산항에 시작된다."라고 말문을 열었다. 군인으로 비교하면 별 2개 장군에 해당하는 최원이 씨는 "1876년 근대항구로서 부산항이 개항하였고, 1902년 공사를 시작하여 1903년에 완공하여 점등한 최초 근대 등대인 팔미도 등대를 시작으로 1906년 태종대 영도등대, 1909년 점등을 시작한 가덕도 등대와 1937년 오륙도 등대 역시 역사적 가치를 인정받는 바다의 이정표로 자리 잡았다."라며 부산항의 이야기를 시작하였다. 경찰학교 기본교육을 마치고 진급이 잘 된다는 말을 믿고 해양경찰을 선택하였으며 쌀 한 가마가 7천 원 일 때, 첫 달 월급으로 만이천 원을 받았다고 한다.

해방 이후 부산항의 수산물 상황을 살펴보면, 어선들은 무동력, 즉 풍력에 의존하는 배들이 대부분이었지만 본격적으로 어선이 동력선으로 발전하기 시작한 시기는 1960년대부터인데 경제성장과 함께 해상 범죄도 함께 증가하였다고 한

해양경찰 치안감으로 퇴직한 최원이 씨

다. 국내 경제 성장과 소득 확대는 수요에 대한 증가로 이어졌고 이로 인해 밀수가 증가하였으며 밀수품은 주로 생활용품과 가전제품이 주류를 이루었다고 한다. 또한 바다로 침투하는 간첩을 소탕하기 위한 대간첩작전 등 국가안보를 위해 해상경비정들이 배치되고 국방의 보조 역할을 담당하는 해경의 역할로 점차 확대되었다.

최원이 씨는 1990년대에는 해양경찰에 형사계를 설치하여 전문수사를 담당하면서 지능화되는 범죄와 마약밀수 등의 해양범죄들을 수사관으로서 현장에서 처리하였으며, 수산업도 양식어업으로 발전하면서 해양경찰의 경비정들도 그물에 걸리는 사고가 발생 할 수 있는 스크루식 함정에서 공기부양식 함정 등으로 변화되어야 한다고 해양경찰을 위한 조언도 아끼지 않았다. 끝으로 부산항은 항구의 관점에서 본다면, 무역항의 역할과 어선들이 드나드는 어항으로서의 기능, 그리고 경비 함정들을 위한 공공목적의 항구 기능을 함께 담당하는 그야말로 없어서는 안 될 우리나라에서 가장 중요한 항구라고 강조하였다.

최원이 씨는 어차피 바다는 하나로 통하는 것이라며 독도 이야기를 시작하였다. 2006년 일본의 측량선이 도쿄에서 출항하여 사카이항을 경유하여 독도로 향하고 있을 때, 노무현 대통령은 청와대에서 대책회의를 진행하고 당시 해양경찰 경비국장을 담당하고 있던 최원이 씨에게 작전 지휘 본부장 임무를 부여하고 급하게 동해 해경본부로 파견명령을 내렸다. 동해항에 대기 중이던 5,000톤급 삼봉호를 비롯하여 18척의 해양경찰 함정을 출동시켰고 챌린저호라는 초계기도 강릉공항에 긴급 배치하면서, 작전계획의 시나리오는 2가지로서 하나는 해경특공대를 투입하여 일본 측량선의 조타실을 점령하고 강제 견인하는 방법과 강제 충돌로 밀어내기 작전 등을 세웠다고 한다. 독도 주변을 두 바퀴 돌고 일본으로 회항할 때까지 5박 6일간의 독도 수호를 위한 긴박한 작전은 해양주권 수호를 위한 전쟁과 다름없는 아찔한 순간이었다고 회고하였다.

경제개발을 위한 외화벌이, 송출선원들에 대한 재조명 필요

최원이 씨는 부산항을 이야기할 때 절대로 빼놓을 수 없는 것이 원양어선이라고 하면서 "1957년에 원양 어선 제1호로 지남호 참치연승 시험 조업을 시작했다. 흔히들 우리나라 근대화의 숨은 공로자로 독일 광부와 간호사를 이야기하지만 원양어선과 해외 송출선원들이 벌어온 돈이 훨씬 많다. 부산항이 내려다보이는 영도 태종대, 망망대해에서 희생당한 1만여 명을 위로하는 순직선원 위령탑이 있다. 이렇듯 목숨을 담보로 돈을 벌기 위해 부산항을 출발한 이들을 송출선원이라 부른다. 오직 돈을 벌기 위해 부산항에서 출발하여 미지의 망망대해로 향했던, 경제개발과 근대화의 숨은 공로자가 송출선원이다."라고 강조하였다. 송출선원들은 가난한 집안 형편으로 인해 목숨을 담보로 오대양 육대주를 누비며 가족을 위해 국가를 위해 외화벌이에 목숨 바친 희생자들이라고 할 수 있으며, 부산항에서 승선을 준비하여 출항하고 일부는 죽어서, 또는 살아서 부산항으로 돌아와 일정 출항 준비 기간을 가지고 또다시 망망대해로 떠나가는 송출선원들의 이야기는 이제 잊히고 있다.

영도에 위치한 순직선원위령탑

　자료를 찾아보면 개별적으로 선원이 외국 배에 승선한 것은 1960
년대 이전에 우리나라 배에서 일하는 것보다 3~4배 이상의 임금을 받
으며 일을 한 몇몇 사례가 있었지만 선박 단위로 첫 선원의 해외 송출
은 1964년 2월 10일 홍콩에 위치한 파나마계 선사 '풍싱시핑'의 룽화
호에 한국인 선장과 기관장 등 선원 28명이 1년 고용계약으로 승선한
계기가 최초 대규모 송출선원이었다. 송출선원 첫해인 1964년에는 해
외에서 일한 선원들이 벌어들인 외화가 55만 7천 달러였지만 7년 만
인 1971년에는 20배로 늘어난 1억 72만 3천 달러로 증가하였으며, 송
출선원들이 취업한 해외선박은 1971년에 144척이었고 1987년에는
2,534척으로 늘어났다고 한다.

독일의 광부와 간호사는 송출선원의 시작인 1964년 2월보다 불과 3개월 빠른 1963년 12월 21일에 247명이 독일로 떠난 것을 시작으로 1977년까지 7,968명의 광부와 12,000여 명의 간호사가 파견되었다. 1964년 독일의 광부와 간호사가 벌어들인 외화 11만 달러에 비해 송출선원들은 같은 해 5배가 넘는 55만 달러를 벌었으며, 1965년부터 1975년까지 10년간 독일 광부와 간호사는 1억164만 달러를, 송출선원들이 벌어들인 외화는 1억6천720 달러였다고 한다. 해운강국들은 무역업이 먼저 발달하고 그다음 선박이 늘어나고 마지막 단계에 선원을 양성하는데, 우리나라는 선원이 먼저 양성되었고 외국선사에 취업해서 선박운항기술과 경영기법을 습득하고 국제해운업에 진출한 특이한 발전과정을 거치면서 송출선원들은 경제개발의 바탕과 해운업 발전의 밑거름이 되었다. 전후 빈곤국가에서 세계 5위 해운국, 세계 1위 조선국 그리고 세계 13위 수산국으로 성장할 수 있었던 것은 거친 파도와 맞서 외화벌이로 경제 발전의 종자돈을 마련한 독일로 간 광부와 간호사, 가발수출, 월남전파병등과 함께 송출선원들의 역할이 컸다. 최원이 씨는 이들에 대한 재조명과 재평가가 필요하다고 강조하였다.

멍텅구리 해선망 인신매매 소탕에 보람

강석광 씨는 부산에서 태어나 성장하고 고등학교를 졸업하고 해군 하사관으로 입대하여 5년 10개월의 군 복무를 마친 후 외항선원으로 6~7년 일을 했고, 보수가 그렇게 좋지는 않았지만 안정된 직업을 구하기 위해 해양경찰이 되었다고 한다. 강석광 씨는 해군 복무 인연으로 해양경찰이 되었고 정년퇴직할 때까지 해양범죄 수사와 정보 분야에서 20여 년을 근무하였으며, 퇴직 후에는 부산 해양경찰 경우회 활동을 활발하게 하고 있다. 90세가 넘은 해양경찰 선배를 비롯하여 주변 경우회 회원들로부터, 누구보다 해양경찰에 대한 자부심과 긍지가 남다른 활동을 하고 있다는 평을 받고 있다.

부산항에 얽힌 이야기를 묻는 말에 "1990년대부터 우리나라 해양산업의 발달과 함께 해양경찰의 역할과 임무는 더욱 크게 대두되었다. 원양어선의 활동적인 경제 역할과 급속도로 확산되는 외항선원의 등장은 관심과 주목의 대상이 되었다. 하지만 당시 시대적 상황에서 도시 부랑자들을 선원으로 소개하여 멍텅구리 해선망 등의 암울했던 사건들도 발생하였다."라고 회고하였다.

당시 서울과 부산 등지의 대도시 노숙인들과 부랑자들에게 접근하여 숙식 제공과 안정된 일자리 등을 미끼로 유혹, 주로 서해지역 멍텅구리 배라고 불리는 무동력 새우잡이 배에 팔아넘기는 인신매매 조직을 추적하고 수사하여 소탕하였다고 한다. 해상 노예제도나 다름없었던 해선망의 새우잡이 무동력 배는 좌우로 통나무를 이용하여 길게 팔을 벌리듯이 뻗어 추를 단 그물을 내리고 바다 위에 고정시켜 밀물, 썰물의 조수간만의 차이를 이용하여 새우를 잡고 육지에서 운반선이 와서 싣고 나가는 형태의 조업하는 형태였다. 현대판 노예나 다름없었던 것은, 서울역과 용산역 영등포역 부산역 등의 노숙인들과 부랑자들을 강제로 잡아다가 해선망 선원들로 일을 시켰으며 본인들의 의사와 상관없이 공급조직인 인신매매 조직에 의해 은밀하게 진행되었다. 인신매매 조직에 잡혀 멍텅구리 배에 오르면 바다에서 자고 먹고 생활하기 때문에 탈출하기 힘들었으며 간간이 가족들이 찾아와 데리고 나가려면 500만 원에서 1,000만 원의 빚을 핑계로 돈을 요구하기도 하는 등 사회문제가 야기되었다.

인생막장이란 말로 표현할 수밖에 없었던 해상 인신매매 조직을 소탕하기 위해 고생하던 그 시절에는 멍텅구리 배에 감옥처럼 갇혀 목숨을 담보로 노예처럼 일을 하고 급기야 밀물과 썰물의 차이에서 바다에 빠져 죽는 사고가 다반사였으며 마치 영화 〈빠삐용〉의 한 장면을 보는 듯했다고 한다. 이후 해양경찰로 근무하면서 그는 부산항이 결코 아름답지만은 않았다고 한다. 우선 현장에 투입되면 멍텅구리 배를 급습하여 올라 해양경찰 형사들이 한 명씩 선원들과 면담을 통해 어떻게 오게 되었는지, 봉급은 받고 일하는지, 밥은 제대로 먹는지 그리고 집에 가고 싶지 않은지 등등을 꼼꼼하게 체크하면서 만약 집에 가고 싶다는 선원이 있다면 즉시 해양경찰 직권으로 하선하여 고향으로 돌아갈 수 있도록 조치를 취하였다. 하지만 선장과 감시자들이 무서워 집에 가기를 꺼려하는 경우 2시간씩 설득하고 안심시키기도 했다. 이렇듯 시대 흐름에 따라서 항구의 범죄와 문화들도 변화하였으며 1990년대 중반을 넘어서면서 선상 살인사건들이 신종범죄로 등장하면서 부산항의 해양경찰 업무는 국제적인 수사영역으로 본격 확대되었다.

해양경찰의 직접수사로 선상반란 사건 신속해결

선상 반란사건이란 신조어가 만들어졌다고 할 수 있을 만큼 심각한 선상 살인사건이 발생하였는데, 대표적으로 1996년 6월 3일 부산항을 출발하여 괌을 경유, 태평양에서 조업 중이던 원양참치어선 '페스카마 15호'에서 중국 국적의 조선족 선원들이 하루 8시간 노동 등의 근로조건 개선을 요구하면서 충돌이 벌어져 조선족 선원 6명이 한국 선원 7명과 인도네시아 선원 3명을 살해하고 반대하던 조선족 선원 1명도 살해한 끔찍한 사건을 예로 들 수 있다. 11명이 살해되면서 최악의 선상 반란사건으로 손꼽히는 페스카마호의 비극은 부산항에서 시작되었으며, 출항과 함께 선장과 갑판장의 비인간적인 폭행과 욕설에 시달렸던 조선족 피의자는 결국 참다못해 범행을 저질렀다고 한다.

1990년대 원양어선의 규정은 외국인 선원이 전체 선원의 50%를 넘을 수 없었지만 한국인 선원을 구하기가 힘들었고 외국인 선원은 한국인 선원의 20~30%만 월급을 주면 되었기에 전체 선원 중 절반이 외국인인 상태로 항해를 시작하는 것은 흔한 일이 되어 버렸다. 페스카마호의 조선족 주범인 전재천은 고향을 떠나오기 전 성실하고 모범적인 음악교사로 알려져 있었으며 전재천 오

선상반란사건 당시 해양경찰의 국제공조수사와 외사 업무를 협조했던 강석광 씨

형제가 군 복무의 성실함으로 인해 중국 정부로부터 '광영지가'라는 명예로운 호칭까지 받았지만 결국 한국 사회의 차별과 폭력을 견디지 못해 끔찍한 사건을 저질렀다고 하며 재판 과정에 조선족 3만 명이 정상을 참작해 달라는 탄원서를 제출하기도 했다.

1996년 해양경찰청이 신설되면서 해양수산부 소속으로 옮겨갔지만 1992년 해양경찰은 경찰청 산하 조직으로 있을 때여서 해외수사를 진행하기 위해서는 관용여건을 발급받아야 하는데, 경찰청장의 승인이 있어야 외무부에서 관용 여권을 발급해주던 시기였다. 페스카마 15호 사건 발생 즉시 어렵게 해외수사를 위한 출국허가를 받고 해양경찰 수사관 3명과 회사관계자 1명 등 4명이 아프리카 나이로비 몸바사로 건너간 것이 해양경찰 직접 해외수사의 시초로 손꼽을 수 있으며, 당시 강석광 씨는 해외 수사공조와 외무부를 비롯하여 경찰청 등으로부터 신속하고 원활한 수사를 위해 외사업무를 적극 지원하였다고 한다.

원양어선의 선상 반란사건은 이후에도 크고 작은 사건들이 계속되었으며 2016년에는 부산의 모 해운회사 소속인 원양어선 '광현803호'의 경우 베트남 선원 2명이 한국인 선장과 기관장을 흉기로 찔러 살해하는 사건이 발생하기도 하였다. 근본적으로 선상 반란사건의 원인은 열악한 노동조건과 싼 임금 그리고 문화의 차이로 분석할 수 있다. 이러한 원양어선에서의 해상 반란사건을 부산항의 해양경찰이 담당하는 이유는 원양어선의 본사가 서울에 있는 회사도 있지만 대부분 부산에 있는 회사들이고 실질적으로는 부산에서 모든 것이 이루어지기 때문이다.

직접 수사를 담당한 국내사건 중에서는, 해양경찰과 검찰이 합동으로 수사를 진행하였던 서해훼리호 사건이 가장 기억에 남는 사건이라고 했다. 1993년 10월 10일 승객 362명과 16톤의 화물을 적재하고 위도 파장금항을 출발하여 부안의 격포항으로 향하던 서해훼리호는 임수도 부근에서 돌풍을 만나 회항하려고 뱃머리를 돌리는 순간 파도를 맞아 전복되면서 침몰한 사건이다. 292구의 시신이 인양되었고 70명이 구조되었지만 맨 먼저 구조에 나선 건 주변을 지나던 어선들이었다고 한다. 낚시꾼들은 부족한 구명장비를 대신하여 아이스박스를 잡고 살아남았기 때문에 배를 탈 때는 아이스박스를 필히 가지고 타야 한다는 유행어가 만들어질 정도로 안전 불감증이 가져온 대참사였다.

부산항은 삶의 터전이면서 우리의 미래

원양어선의 선상 반란사건과 같은 대형사건들이 아닌 부산항의 해양경찰로서 소소한 사건과 에피소드를 묻는 말에 강석광 씨는 "1년 연중 바다에서 실종이나 사망 사건은 약 1,000건 가까이 발생한다. 물론 부산을 포함하여 국내와 외항선까지 포함하여 연중 1,000건 발생하는데 그중에서 20~30%는 실종이라고 보면 되고 나머지는 선원들이 작업하다가 사망하거나 바다에 뛰어내려 자살하는 경우 또는 선박 사고와 침몰 사고 등도 있다. 그러한 사건사고들 중에서 부산의 해양경찰은 1,000건 중 20%가 넘어서는 사건들을 담당하고 있다."라고 답하였다.

육상과 해상의 경계로 인해 해프닝도 있는데, 갈등이 많이 일어나는 곳은 하구 둑이라고 한다. 하구 둑을 기점으로 보면 하구 둑 안쪽은 현

부산항 전경

행법상 내수면이고 바다 쪽은 해수면으로 구분하는데 사하구에서 사람이 물에 빠졌다는 신고가 들어오면 하구 둑을 기점으로 내수면 해수면, 즉 육지 쪽이냐 바다 쪽이냐에 따라 관할이 달라진다고 한다. 그리고 모래사장에서 놀다가 사고가 나면 확실한 육지로 구분하고 테트라포트에서 사망할 경우 부검에서 플랑크톤이 검출 여부에 따라 달라지지만, 해양경찰은 관할을 따지기 전에 우선 시민의 생명을 구하고 안전을 지킨다는 것을 우선으로 근무한다고 한다.

미래의 부산항을 묻는 말에 "부산항은 수출입 등의 산업적인 측면도 있지만 여가 활용을 위한 항으로 적극 개발되고 활용되어야 한다. 수출입을 위한 대형 컨테이너선들은 부산 신항으로 이전되어 가고 있

기 때문에 부산항은 문화생활을 위해 활용되어야 하고, 환경과 오염에 대해서 좀 더 부담감을 가지고 개선하였으면 한다. 그렇게 유명했던 하단의 제첩이나 실뱀장어는 옛날이야기가 되었다. 부산항은 오염되지 않은, 환경과 자연을 지키는 바다가 되었으면 한다."고 강조하였다. 끝으로 "나에게 있어서 부산항은 무엇인가?"라는 질문에 "부산 인구 중에서 적어도 100만 명은 바다와 연관되어 살아가고 있다. 우리나라 전체의 섬은 무인도를 합쳐 3,000개가 넘는다. 바다는 생업을 유지하는 수단이기도 하지만 우리의 미래이기도 하다. 부산항은 나의 미래, 우리의 미래라고 할 수 있다."

작가

문장(文章)이 최고봉의 경지에 이르렀을 때를 '흡호(恰好)'라 한다던가
(文章做到登峰造極的地步, 沒有其他奇特, 只是表達得恰到好處).
사람이 항상 나물뿌리만 씹어 먹을 순 없지만
채근담에 나오는 말이렷다.
신언서판(身言書判)으로 불짝시면
한 나라의 관리(官吏)는 고사하고
주민센터 말석(末席)도 과분한
이 얄궂은 운명으로부터 탈출하기 위하야
이 몸은 오늘도 목하(目下) 흡호(吸呼) 글쓰기 중인겨!

해상안전 지킴이, 선박교통관제사

– 뱃사람 안전을 책임지는 '부산VTS센터' 장용근 팀장

원성만

부두 접안 완료했습니다!

"항무 부산! 여기는 현대 A호 감도 있습니까?"

"예! 감도 있습니다."

"스케줄이 어떻게 됩니까?"

"아, 예! 귀선은 아침 10시에 도선사가 승선해서 감만 부두 접안 예정입니다."

부산항에 배가 들어오면 이런 식으로 '입항보고' 교신을 합니다. 배가 접안을 마치고 나면 다시 무전기로 보고가 들어옵니다. "항무 부산! 현대 A호 10시에 감만 부두 접안 완료했습니다."

"예전에 VHF 무전기로 선박과 교신하던 '항무통신' 시절이 있었습니다. 그땐 이런 1차원적인 정보만 주고받았습니다. 지금은 선박이 첨단화·대형화되어서 해상교통관제서비스(VTS; Vessel Traffic Service)도 스마트해졌죠. 각종 레이더 장비와 AIS(선박자동식별장치) 같은 최첨단 관제시스템을 갖추고 항만 정보만이 아니라 선박들의 위치 및 움직임 파악에서부터 기상 정보 등 다양한 서비스를 제공하죠."

"부산항에는 하루에 800~1,000척이 넘는 배들이 움직여요"

연안에 들어온 배가 안전하게 항만에 정박하도록 하는 것을 해상교통관제(VTS)라고 한다. 항구 및 연안을 통행하는 선박을 교통정리 하는 것을 말한다. 부산항에 입항하는 모든 외국적 선박과 국적선 중 300t 이상 선박, 선박자동식별장치(AIS)를 설치한 총톤수 300t 미만 선박, 위험물 적재 선박 등은 부산 영도구에 있는 조도를 기준으로 동서남북 약 12마일, 25km 지점에서부터 부산항 해상교통 관제센터(Busan Vessel Traffic Service Center)의 관제를 받는다.

'부산항 VTS'는 부산 해역에 들어온 배가 안전하게 항만에 정박할 수 있도록 선박 운행에 필요한 각종 정보와 서비스를 제공하는 '부산항의 안전 길잡이'인 셈이다. 이곳에 근무하는 27명의 관제사들은 24시간, 365일 선박 안전을 지키는 '바다의 눈'이다. 선박에 대한 모든 안전 관리의 최일선에 '선박교통관제사'가 있다.

부산항 VTS 장용근 팀장은 올해 16년 차 베테랑 관제사이다. 장용근 팀장과 부산항 관제 서비스에 대해 이야기를 나눴다.

"저희끼리는 관제사라고 하는데, 정식 명칭은 '선박교통관제사'입니다. 관제사가 기본적으로 하는 일은 부산항을 입출항하거나 통과하

부산항 VTS 장용근 팀장

는 선박들에게 선박 교통안전 정보를 제공하고, 사고가 나면 신속하게 사고 처리를 하는 겁니다. 부산항은 우리나라에서 제일 복잡한 항만입니다. 입출항하는 배가 제일 많고, 대한해협을 통과하는 선박들도 많아요. 그러니 기본적으로 충돌·오염·좌초 사고도 많죠."

바다에는 차선이 없다. 육지의 도로처럼 정해진 차선으로 선박이 운항하지 않는다. 배는 한 번 출항하면 밤낮없이 바다 위를 운항한다. 칠흑 같은 밤엔 가로등도 없다. 어두운 바닷길을 밝혀줄 가로등이 있는 것도 아니다. 바다에는 24시간 위험이 도사리고 있다.

해상사고는 육상과 다르게 인명, 재산피해, 해양오염 등 자칫 대형사고로 이어질 소지가 많다. 온종일 선박의 이동 동선을 관찰하고, 위험상황을 미리 예측해서 목적지에 안전하게 도착할 수 있도록 돕는 사람들이 바로 선박교통관제사이다. 그리고 그들이 근무하는 곳을 VTS

라고 한다.

VTS는 선박 간 충돌사고, 화재, 응급환자 등 각종 해양사고 발생을 미연에 방지하고, 해양사고가 발생했을 때 피해 최소화를 위한 관제업무를 수행한다.

장용근 팀장, 그는 남해 사람이다. 외항선을 타면 큰돈 벌 수 있단 말을 듣고 영도에 있는 해사고등학교에 입학하기 위해 부산에 왔다. 소원대로 외항선을 탔다. 오대양을 누비면서 들른 세계 유명 항구는 그에겐 집이나 다름없었다.

그는 소싯적엔 선박 관련 회사에서 선원 송출 업무를 했다. 원하던 대학도 졸업했다. 그러다 결혼 후에는 안정된 일을 찾았다. 그렇다고 바다를 떠날 수 없었다.

세계 유명 항구는 그에겐 집이나 다름없다

"2005년에 해양수산부 관제사 시험을 쳐서 임용됐습니다. 세월호 사고를 계기로 그동안 조직이 여러 번 개편됐는데, 현재는 남해지방해양경찰청 소속 부산해상교통관제센터에서 근무하고 있습니다. 관제사는 기본적으로 배를 알아야 합니다. 항해사 면허가 있어야 하고요. 1년 이상 승선 경력이 있어야 합니다. 저는 6년간 배를 탔습니다. 외국 선박과 통화하기 위해선 일정한 영어 실력도 갖춰야 하죠."

세계 6위의 컨테이너 항만이자 우리나라 수출입 화물의 75%를 처리하는 대한민국 제1의 해양관문인 부산항, 동북아 최대의 세계적인 항구답게 부산항은 늘 들고나는 선박들로 발 디딜 틈이 없다.

"부산항에는 하루에 800척에서 1,000척이 넘는 배가 움직여요. 바글바글합니다. 자동차는 위험 상황에서 급브레이크를 밟아 제동할 수 있지만, 배는 급브레이크가 없기 때문에 뻔히 앞을 보고 가면서도 멈출 수가 없습니다. 언제든 선박끼리 충돌 사고가 발생할 수 있는 상황이에요. 특히 안개가 끼거나, 비 오거나, 야간 항해를 할 때 매우 위험하죠. 특히 소형 예인선이나 소형 선박들은 나이 드신 분들이 많이 타거든요. 그분들은 법규를 잘 몰라서 지그재그로 운항하다가 충돌사고 낼 위험이 많아요.

이런 이유로 관제사는 부산항의 특성을 꿰뚫고 있어야 합니다. 배에 대해서도 잘 알고 있어야 해요. 배의 중량과 속력을 가늠해서 충돌 상황이 예상되면 관제사들이 미리 사고 위험을 알려 줍니다. A호는 이렇게 이렇게 가십시오, B호는 저렇게 저렇게 가세요, 단순히 눈에 보이는 그런 정보만 제공하는 것이 아니고, 그날 조류와 풍속 등 기상까지도 끊임없이 살펴야 안전하게 관제를 할 수 있습니다. 주변에 어떤 장애물이 있는지, 가령 주변에 공사장이 있나 없나, 지나가는 어선은 없는지, 날씨가 안 좋거나 태풍이 오면 미리 피항을 시키기도 하고, 배에서 누가 갑자기 다쳤다든지, 생명이 위독하면 헬기로 긴급 이송하는 1차적인 처리를 관제사들이 다 하고 있습니다. 어선은 교신이 되지 않기 때문에 상선을 주로 관제합니다. 급유, 선원 교대, 선용품을 싣기 위해, 또 수리를 받으러 오는 배들도 많습니다. 영도 태종대 앞바다, 송도해수욕장 앞바다가 정박지거든요. 매일 평균 30~40척이 정박합니다."

그렇다면 부산항에는 얼마나 많은 해양사고가 발생할까? 2020년 한 해 부산항 해역에서 발생한 해양사고는 89건이었다. 약간의 편차가 있긴 하지만 해마다 50여 건 이상의 크고 작은 해양사고가 발생한다.

2019년 2월, 용호부두에서 출항하던 러시아 선박이 광안대교를 들이박는 사건이 있었다. 재난 영화에서나 볼 법한 초대형 해양사고로 이어질 뻔했다.

"관제사는 레이더 모니터 화면을 보고 상황을 판단합니다. AIS가 설치된 선박은 선명(船名), 속도, 이동 경로 등의 정보가 관제센터 레이더 화면에 그대로 다 나오지만, 모니터는 요만한데 바다는 엄청 넓잖아요? 이 넓은 바다에 관제사가 딱 이 A라는 배만 보고 있는 것이 아니고 수십 척을 동시에 보고 있거든요. 또 레이더 화면에서 러시아 선박이 여기에 붙어있는지 떨어져 있는지 레이더로는 구분이 잘 안 됩니다. 거기에다 선박이 출항을 하게 되면 출항 10분 전에 선장이 "부산 VTS! 러시아 선박 선장 누구누구입니다. 출항 준비 완료되어 10분 전 출항 예보 드립니다." 하고 보고를 하거든요. 그런데 그날 러시아 선박의 선장은 술에 취해서 그런 보고도 없이 혼자 배를 끌고 나가다가 사고를 낸 겁니다. 용호부두와 광안대교 사이 거리가 불과 100m도 안 되는데 러시아 선박은 길이가 100m나 되요. 그대로 돌면 그냥 박는 거예요. 그 전에, 러시아 배가 출항하면서 옆에 있던 요트와 충돌했고, 요트로부터 신고가 들어온 거예요. 그때부터 저희가 부랴부랴 교신하면서 왜 보고도 없이 출항하느냐. 빨리 후진하라. 그 방향으로 돌면 광안대교가 있으니까 조심해야 한다, 계속 정보를 제공하면서 컨트롤했지만, 선장이 술에 취해 있으니 운전이 안 된 거죠. 정말 아찔한 상황이었습니다."

그렇다면 부산항에서만 느낄 수 있는 보람은 없을까?

"부산불꽃축제 때면 광안대교 주변 바다가 어마어마합니다. 저희가 가장 긴장을 많이 할 때죠. 밤에 관광객을 태운 배가 100척 이상 한꺼번에 모이니까요. 요트에서부터 작은 배, 큰 배, 여객선, 유람선 등등 100척이 넘는 배가 광안대교 주위에 한 줄로 줄을 좌악~ 서죠. 저희들이 미리 입항한다는 연락을 받고, 계획을 짜서 배 위치를 정하고 줄을 세웁니다. 부산 배만 있는 것이 아니고 울산, 거제, 통영 등지에서도 유람선들이 옵니다. 정말 장관이죠. 저희들은 뜬눈으로 밤을 새야 하지만 그 다음날 부산불꽃축제 아무런 사고 없이 대성공 뉴스 나오면 피로가 싹 가시고 마음이 뿌듯하죠. 부산항이 아니면 어디서 그런 기분 느끼겠습니꺼?"

장용근 팀장이 부산항VTS에서 근무한 시기에 부산항대교, 거가대교 및 해저침매터널 공사가 이뤄졌다. 부산항대교는 공사 기간이 7년(2007. 4. ~ 2014.4.), 거가대교는 6년(2004.12. ~ 2010. 12.)이 걸렸다. 특히 침매터널은 육지에서 만든 대형 함체(침매함)를 바다에 가라앉혀서 연결하는 신공법이었다.

"부산항대교와 거가대교 공사 구간은 배가 많이 다니는 곳입니다. 대교 위에 교각을 얹을 때는 대형 크레인이 몇 시간씩 작업을 합니다. 저희들이 그 시간대에 선박 출입을 통제하죠. 특히 해저침매터널 공사를 할 때는 육상에서 제작한 터널 구조물을 바닷속에 가라앉힌 후 묻으면서 연결하거든요. 작업하는 데 시간이 엄청 많이 걸립니다. 그때도 저희가 같이 가서 선박 통제를 했어요. 공사 기간이 몇 년씩 걸리니까 저희도 긴장을 놓을 수 없죠. 그렇게 해서 함께 고생하면서 만든 부산항대교, 거가대교를 보면 일반 시민들은 잘 모르시겠지만 저희는 마음이 짠하죠."

장용근 팀장은 표류 중이던 러시아 요트를 구조한 적도 있다. 포항VTS에서 근무할 때 일이다. 태국에서 러시아 블라디보스토크로 항해하던 러시아 요트가 연료와 식량이 떨어져 호미곶 앞바다에서 구조요청을 한 것이다. 당시 요트엔 일가족 3명이 타고 있었다. 음식과, 연료,

보급품 등을 지원해서 러시아로 무사히 가도록 도와줬다. 심심찮게 생기는 사고이다.

수리비나 벌금을 떼먹고 도망가다가 붙잡혀오는 외국 배도 있다. 부산항은 특히 그런 배가 많다. 배 위치를 옮기겠다고 해놓고 몰래 일본 영해로 도망가는 식이다. 우리 VTS의 신고로 해경 특공대가 급파돼 추격하면 물탱크를 쏘면서 저항하기도 하지만 이내 곧 붙잡혀 온다.

해역 \ 연도		2016	2017	2018	2019	2020	계
	계	85	52	19	59	89	304
부산항 및 진입수로	충돌	12	11	4	7	20	54
	전복	2	2	0	0	2	6
	침몰	2	1	2	2	3	10
	화재폭발	9	2	4	5	9	29
	안전사고	4	2	0	7	3	16
	접촉	6	1	0	2	1	10
	좌초	3	2	0	0	2	7
	기관손상	21	8	1	11	22	63
	부유물 감김	2	0	0	1	9	12
	운항저해	6	1	2	0	1	10
	해양오염	7	19	5	15	10	56
	침수	7	1	1	3	2	14
	조타장치 손상	1	1	0	2	3	7
	추진축계 손상	0	1	0	0	0	1
	기타	3	0	0	4	2	9

*출처 : 해양수산부 중앙해양안전심판원

[표 1] 연간 해양사고 현황

바다를 터전으로 살아가는 해양인들의 안전을 책임지다

부산항에는 부산항 VTS센터와 부산신항 VTS센터 두 곳이 있다. 부산항 VTS센터 관제 구역은 북항과 남항, 용호부두, 감천항, 남외항 정박지, 다대포항 등 총면적이 725km²에 달한다. 인근 해역을 지나고, 부산항을 드나드는 하루 1,000여 척의 선박에 항만·해상·기상정보 등을 실시간 제공한다.

"이곳 영도구 동삼혁신지구 부산항 VTS센터는 2017년 7월 26일 개소했습니다. 1998년에 한국해양대학교 뒷산(조도 정상)에 개국한 부산항VTS가 20년 만에 이곳으로 이사 온 겁니다. 현재 조도VTS는 훈련이나 전시 대비용 비상관제센터로 사용하고 있고요."

부산항 해상교통관제 서비스는 3기로 나눠 설명할 수 있다. 1기가 항무 통신, 2기는 조도 부산항VTS 시대, 3기는 동삼혁신지구 부산항 VTS센터 시대이다. 과거 항무통신이라고 일컫던 것이 기술이 발전하면서 교통관제로 진화했다고 보면 된다.

부산항 해상교통관제 서비스는 3기로 나뉜다. 왼쪽에서부터 초기 항무통신 시설이 있던 부산지방해양수산청 건물, 2기 조도VTS, 현재의 최첨단 관제시스템을 갖춘 동삼혁신지구 부산항VTS센터이다.

항무통신(port operation, 港務通信)은 초단파(VHF) 무선통신이나 무선전화로 하는 통신을 말한다. 항만 내 선박 교통안전과 항만 정리 또는 검역 등을 위해 무전기 등으로 통신하던 시절이다. 선박의 보고에만 의존해야 했기 때문에 사고가 발생하더라도 신속한 대응이 어려웠다. 항만 사용료 납부를 피하기 위해 허위로 보고하는 사례도 빈번했다.

부산항 항무통신 역사는 1996년으로 거슬러 올라간다. 자성대부두 인근에서 발생한 화물선 충돌 사고가 직접적인 계기가 됐다. 1995년 12월 30일 오전 8시 20분께 부산항 자성대부두 500m앞 북내항(北內港)에서 바하마선적 MC 에머랄드호(1,1955T급)가 독일선적 화물선 DSR 아메리카호(3,4231T급)와 충돌하는 사고가 발생했다. 에머랄드호는 자성대부두에서 수출상품이 든 컨테이너들을 싣고 홍콩으로 가던 길이었다. 이 사고로 에머랄드호 옆 부분 철판이 찢어지는 바람에 뱃머리가 침수돼 자성대부두로 긴급 예인하는 등 수출 차질과 2주간 부두운영에 큰 지장을 초래했다. (1996.01.05.일 자 연합뉴스 등 기사 참조)

부산지방해운항만청은 이 사고를 계기로 1996년 1월 30일부터 시차(時差) 출입항제와 도선(導船)규정 강화 등을 내용으로 하는 안전대책 시행을 발표했다. 이와 함께 '선박과 항만청 관제실 간의 원활한 교신을 위해 2개의 항무통신 채널을 상시 운영' 하도록 했는데, 이것이 부산항 항무통신의 효시이다. 부산항 항무통신은 부산지방해운항만청 건물 5층에 통신실을 갖춰놓고 선박 통신사 출신들이 맡아 했었다.

우리나라 근대화와 경제발전은 해상운송 분야에서도 획기적인 성장을 이뤄냈다. 부산항을 드나드는 선박들이 기하급수적으로 늘어났다. 현재 연간 평균 9만 척 이상의 선박이 입·출항하고 있다. 배의 크기도 대형화·고속화·첨단화함에 따라 항무통신만으로는 선박의 안전 확보와 정박지, 선석 등 다양한 항만행정 서비스 제공과 민원처리가 어렵게 됐다. 운동장보다 더 큰 상선들이 목적지로 안전하게 도착하기 위해서는 VTS의 역할이 매우 중요하다. 보다 안전한 바닷길을 위해 각종 레이더 장비와 AIS(선박자동식별장치) 등 최첨단 관제시스템을 갖춘 해상교통관제서비스(VTS)가 필요해졌다. 이런 요구에 따라 1998년에 한국해양대학교 앞 조도 정상에 부산VTS센터가 출범했다.

[단위: 척]

연도	2014	2015	2016	2017	2018	2019	2020
합계	94,760	95,191	100,197	99,687	94,816	93,701	89,018
입항	47,390	47,490	50,089	49,842	47,345	46,834	44,430
출항	47,370	47,701	50,108	49,845	47,471	46,867	44,588

*출처 : 부산광역시 '부산항만 현황'

[표 2] 선박 입출항 실적

"2006년에 부산항 신항이 개장하고 난 후부터 대형선들이 부산항에 입항하는 것은 줄었지만 전체적인 선박 수는 줄지 않았습니다. 오히려 2부두, 3부두가 재개발 중이라 그쪽으로는 상선이 들어가지 않습니다. 4부두는 국제여객터미널로 사용 중이고요. 부산항이 오히려 더 복잡해졌다고 봐야죠. 대형선들이 안 들어오는 대신에 환적하는 피드선들이 자주 들락날락합니다. 대형선들이 미주, 유럽으로 가면서 중간 기착지로 한국에 컨테이너를 떨어뜨리면 피드선들이 가까운 데로 이송하는 거죠."

오늘도 쉼 없이 부산항을 드나드는 선박들, 바다를 터전으로 살아가는 해양인들의 안전을 책임진 '선박교통관제사'와 '부산항 해상교통관제센터'. 그들은 해양 관련 빅데이터, 최첨단 장비로 4차 산업혁명시대의 스마트 항만을 선도하며 밤낮없이 해양관문을 지키는 든든한 부산항 지킴이이다.

부산항 야사

쫓고 쫓기는 사람들
이용득

부산세관박물관장

개항과 함께 찾아든 세관의 역사는 깊다.
한동안 이러한 미혹의 맛에 빠져 역사의 뒤안길을 헤맸다.
관세맨으로 있다가 정년퇴임하였고,
현재 부산세관박물관장으로 있다.
그리고 농익은 역사맨이 되기 위해
틈틈이 낯익은 부산, 부산항 이바구 길을 살갑게 걷고 있다.

쫓고 쫓기는
사람들

이용득

부산항은 동북아의 대표적인 허브 항만이다. 이제는 북항을 뛰어넘어 신항에 컨테이너 물류 기지로서 둥지를 튼 지도 제법 오래되었다. 이처럼 세계적인 물류 항만으로 도약한 이면에는 또 다른 세계가 감춰져 있다. 우리의 경제의 이면에 지하경제가 있듯, 항만의 세계에도 밀수와 밀항과 같은 어둠의 세계가 존재한다,

되돌아보면 부산항은 한때 우리나라 밀무역과 밀항의 본산이었다. 이들 대부분은 해방과 한국전쟁과 같은 우리 역사의 격변기에 생존경쟁의 한 수단으로 나타났다. 그렇지만 이것은 합법화되고 정당화될 수 있는 일은 아니었다.

부산항을 통한 밀수는 크게 세 가지로 분류할 수 있다. 첫 번째가 해상 밀수로서 대부분이 선원에 의한 밀수였고, 두 번째는 여행자 밀수로서 주로 페리호를 통한 보따리상들의 과다 반입 물품이 해당된다. 세 번째는 부산항을 통한 수출입 화물 가운데 합법을 가장한 밀수이다. 주로 서류상 신고 물품과 현품이 다른 것을 말하는데, 한때 중국산 참깨나 고추와 같은 농산물 밀수 등이 이와 같은 방법으로 밀·반입되기도 했다. 여기에는 컨테이너가 밀수품을 은닉하고 운반하는 용구로서 악

1964 부산항 전경 ⓒ부산세관박물관

용되어졌다. 이러한 부산항 밀수 형태 가운데서 가장 악명을 떨친 밀수
는 전후 대마도를 거점으로 활개 치던 해상 특공대 밀수였고, 부산에서
밀항해 간 밀수 우두머리들이 이곳에 자리를 잡아 막후 역할을 했다.

해상 밀수와의 전쟁

세상을 살면서 우리는 생각지도 않은 많은 전쟁을 겪으며 살아간다.
실제 전쟁을 비롯해서 우리 사회와 자신의 쇄신을 위해서도 전쟁이란
말을 써가며 색다른 전쟁을 벌인다. 예를 들면 '범죄와의 전쟁', '살과
의 전쟁' 등이 그렇다. 여기에는 '밀수와의 전쟁'도 빠질 수 없다.

밀수는 사회가 혼란할 때 극성을 부리는 특성이 있다. 가득이나 해
방과 한국전쟁 이후 나라 살림살이가 어려울 때, 밀수는 국가 재정을
갉아먹는 좀 벌레 같은 존재였다. 1960년대 밀수는 '사회 4대악'이 될

대마도 특공대 밀수 루트 ⓒ부산세관박물관

만큼 국가적 관심사였고, 당시 정부는 이를 죄악시하며 밀수 근절을 국시(國是)로 삼았다. 이런 분위기에 편승하여 '밤의 세관장'이나 '합동수사본부'라는 말도 건국 이래 가장 악랄하고 조직적인 밀수였던 대마도 해상 특공대 밀수와의 전쟁에서 나온 부산물이었다.

　대마도 특공대 밀수는 1950년대 중반에서 1969년까지 부산항을 중심으로 남해안 일대에서 할거하던 해상 밀수였다. 주 근거지는 대마도의 행정수도 이즈하라(嚴原)항이었다. 여기서 대마도 특공대 밀수 또는 이즈하라 특공대 밀수란 말이 생겼다. 이즈하라항이 특공대 밀수의 거점이 된 것은 5·16쿠데타 이후, 부산에서 활약하던 밀수 두목 한필국(韓弼國)이 사형에 처하고부터였다. 그의 조직원들이 그대로 국내에 남아 있었다간 이와 비슷한 전철을 밟을 것 같아 하나둘 일본으로 도망쳤다. 밀항이었다. 대마도에 도착한 이들은 여기서 새롭게 세력을 규합한 곳이 이즈하라항이었다. 그 가운데 이정기(李鋌基)는 부산에서 밀항해 온 가장 대표적인 인물이었다. 세월이 흐르면서 그가 지배인으로 있던 야마다(山田)상회는 날로 매출이 늘어났고, 이러한 공헌으로 일본 관헌에서는 그를 수출 유공자로 추대하기까지 했다. 이처럼 일본의 비호 아래 승승장구한 그는 이즈하라에서 밀수왕으로 군림하면서 이곳에 온 밀수꾼을 위한 카바레와 술집, 여관, 한국 음식점 등을 구축하는데 앞장섰다. 얼마 있지 않아 이즈하라항은 불야성의 항구로 변했고, 시간이 흐를수록 이곳은 밀수 왕국으로 변해갔다. 그 무렵 대마도의 인구는 7만 명에 육박할 정도의 전성기를 누렸다.

특공대 밀수의 특징은 뛰어난 기동력에 있었다. 자금·해상 운반과 양륙·육상의 운반·보관·판매책 등 분담 체계로 조직화되어 있었으며, 여기에 폭력배와 권력 기관이 개입하여 난폭하면서도 정보력까지 갖추고 있었다. 밀수선은 5~10톤급 소형 선박으로 3~5명이 승선하였고, 중고 탱크에서 추출한 고속 엔진을 설치해 30노트 이상으로 달렸다. 당시 세관 감시선은 10톤급 목선으로 겨우 10노트 남짓 달렸으니, 3배나 빠른 밀수선을 잡으려면 밀수선의 엔진에 이상이 있어야만 가능했다. 특공대 밀수조직원은 땅거미가 지고부터 활동을 전개하는 야행성족이었다. 이즈하라항에서 서서히 공해상으로 빠져나온 밀수선은 주변 상황을 보며 전속력으로 달려 남해안의 목적지로 잠입하게 된다. 그러면 이들은 인적 드문 섬이나 바닷가에 밀수품을 은닉하거나 아니면 대기 중인 선박에 옮겨 싣는다. 어쩌다 검거될 위기를 맞게 되면, 순식간에 증거물을 없애기 위해 밀수품을 물에 빠뜨리거나 소형 어선으로 위장해 조업을 하는 척하며 감시망을 피해 달아난다. 이뿐이 아니다. 선명과 선원명이 가명인 것은 예사고, 세관·해운국·검역소 등 일본 관공서의 민원서류와 공인(公印)을 구해 출입항 관계 서류를 위조해서 수사망을 피했다. 특히, 일본 정부는 자기 국내법을 근거로 특공대 밀수의 합법성을 인정하고 두둔하기까지 했다.

1955년 탄피와 해초 등을 싣고 이즈하라항에 입항한 밀수출선은 한 해 90여 척에 불과했으나, 5년 후인 1960년에는 1,346척으로 급증했다. 이 통계도 이즈하라세관 출장소와 대마도 신문사의 자료일 뿐, 실제로는 더 많았을 것으로 추측된다. 밀반입된 일본 상품은 화장품, 직물, 약품, 지퍼(Zipper), 주름치마, 테토론 필름(Tetoron Film), 카메라, 전자제품 등으로 생필품에서 산업 제품에 이르기까지 다양했다. 대마도

밀수선이 정박되어 있는 대마도 이즈하라항(1960년대)

에서 이런 일본 상품을 공급하는 중개 무역상이 무려 32개에 달했다. 당시 부산 국제시장은 밀수품이 거래되는 대표적인 시장이었다. 일본에서 건너온 밀수품과 미군 PX에서 빠져나온 불법 물품이 뒤섞여 거대한 밀수품 전시장을 형성했다. 이를 두고 국제시장을 밀수품 박람회장이라 부르기도 했다.

밀수 소굴, 조도

이 무렵 부산항 입구의 조도는 밀수 소굴로서 악명이 높았다. 1959년 당시 이 섬에는 90여 호에 약 550명의 주민이 살고 있었다. 주로 인근 해역에서 고기를 잡아 생활하는 한적한 어촌이었다. 이러한 섬마을이 갑자기 밀수 조직으로부터 밀수품 양륙지로 주목받고, 긴장감이 감도는 구역으로 변하기 시작한 것은 1950년대 중반이었다. 시내와 가깝고 교통이 편리한 것도 입지 조건으로서 그만이었다. 더구나 주민들도 고기잡이보다 고생 덜하고 수입도 괜찮아 보여 처음에는 자의반 타의반으로 끌려 들어갔다. 뒤에는 섬 주민 80~90%가 밀수 조직원이 되었다. 고기잡이 소형어선은 밀수품 운반선, 어구 창고는 밀수품 창고로 둔갑했고, 남편이 밀수선으로부터 밀수품을 양륙해 창고에 가져다 놓으면 아내는 이걸 세분해 국제시장 등으로 반출하는 운반책이 주어졌다. 심지어 나이 든 부모까지도 망보는 역할을 하면서 가족 모두가 일사불란하게 밀수란 생업에 긴장과 흥미를 느끼며 살아가는 처지가 되었다.[1] 그러나 이것도 잠시, 얼마 후 조직폭력배가 이곳에 발을 뻗치면서 분위기는 달라졌다. 폭력과 무장으로 주위를 제압한 이들은 대부분 집에 지하 비밀 창고를 설치하는 등 섬 전체가 흉악한 밀수 소굴로 급변했다. 그렇다고 관계기관에서는 팔짱만 끼고 있을 리 없었다. 호랑이를 잡으려면 호랑이 굴에 들어가야 하듯, 1960년 2월 2일 이곳에 세관 초소를 설치하는 등 강력한 밀수 단속을 펼치기 시작했다. 그러자 처음에는 반항이 거세긴 했지만 하루 이틀 시간이 흐르면서 밀수 조직은 서서히 허물어져 갔다.

이러한 밀수를 근절하기 위해서는 주민들의 협조도 뒤따라야 했다. 당시 부산 시내 길거리에는 '2억 환의 밀수 제보, 1억 환의 상여금'이라는 밀수 제보 포상금 표어가 나붙었다. 얼마나 밀수가 많았기에 밀수 검거 금액의 절반을 제보자에게 포상금으로 주겠다고 했을까? 포상금이 확대되자, 일부 밀수 단속 직원은 빚을 내 개인 전용 감시 선박과 지프 차량을 구매하기 시작했다. 감시 장비가 오래되어 기동성이 떨어지고, 세관 감시선과 공무차량은 눈에 잘 띄어 단속이 어려웠기 때문이다. 그 약점을 보완하려 개인전용 선박을 밀수선과 똑같은 모양으로 바꾸기도 했다.

---

1) 「釜山稅關報」 '밀수근거지 아치섬의 생애' (1959.11.25.)

밀수 전쟁의 도화선, 월광카바레 밀수 사건

특공대 밀수가 공적(公敵)으로 급부상한 것은 1965년 현충일에 있었던 월광카바레 앞 밀수 사건에서 비롯된다. 야근 중 밀수 현장을 적발한 경찰관을 밀수범들이 구타하고, 그 검거자마저 타 권력 기관으로 넘겨버린 아주 파렴치한 사건이었다. 정부는 공권력에 관한 정면 도전으로 보고, 모든 정보(情報) 권력 수사 기관이 참여한 '합동수사본부'를 만들어 대대적인 밀수 조직 검거에 돌입하게 된다. 특히, 해상 밀수 봉쇄 작전을 펼치기 위해 지금의 통영에 본부를 둔 특별감시선단도 조직했다.

합동수사반 발족식(1965년 6월)

이때 시범 사례로 걸려든 밀수선이 영덕호(7톤급, 목선)였다. 공해 선상에서 길목을 지키던 감시선단과 마주친 영덕호는 수차례 정지 명령을 받고도 도망치다 결국 기관단총 세례를 받는다. 얼마 후 밀수선은 침몰했다. 다행히 선원 2명은 살았지만, 밀수 조직에 준 충격은 너무나 컸다. 흥미로운 것은 영덕호가 격침되던 그날 저녁, 일본 NHK방송의 저녁 9시 뉴스였다. "오늘 오후 7시경 대마도 해안에서 정체불명의 미확인 괴선박이 한국의 소형 무역선을 격침시켰다." 우리에겐 특공대 밀수선이 일본에선 소형 무역선으로 소개되고 있었던 것이다.[2]

이렇게 육·해상에서 24시간 밀수와의 전쟁을 강력하게 펼치면서도 다른 한편으로는 특공대 밀수왕을 비롯한 조직원들에 대한 전향 작업이 정부 기관 주도로 비밀리에 추진되고 있었다. 이런 가운데 1968년 6월 또 다른 놀라운 일이 벌어졌다. 이즈하라항 앞 해상에서 밀수선 금영호를 검거하여 예인하던 부산세관 감시선 독수리 6621호가 일본 순시선에 납치된 것이다. 독수리호는 6시간 뒤에 풀려났지만, 이 일로 특공대 밀수가 한일 국교 정상화 이후 처음으로 외교 문제로 떠올랐다. 두 달 후 열린 한일각료회담에서 일본은 "대마도의 밀수 무역이 한국에 미치는 피해를 해소하기 위해 가능한 조치를 한다"는 내용이 공동성명에 채택되었다. 이어 밀수조직원 전향 작업도 성과를 보아 그해 12월 말 이들이 밀수 결별 성명을 발표함으로써 이즈하라 특공대 밀수는 사실상 대단원의 막을 내렸다. 장장 15년여에 걸쳐서 활개를 치던 해상 밀수였다.

---

2) 송병순회고록 『나의 불꽃 70년』 p148, 도서출판 삶과 꿈, 2001

일본 순시선에 납치된 10톤급 목선이자 세관감시선 독수리 6621호 ⓒ부산세관박물관

밀수무대에 등장한 대일 수산물 수출운반선

대마도 특공대 밀수가 막을 내리자 새롭게 꼬리를 물고 등장한 것
이 역시 남해안을 무대로 할거하는 활선어운반선 및 냉동운반선에 의
한 선원 밀수였다. 종전 해상 특공대 밀수가 대마도 이즈하라항을 거
점으로 한 밀수였다면, 활선어 및 냉동운반선에 의한 밀수는 일본 본토
인 시모노세키(下關)항이 주 무대였다. 1970년대 중반, 이들 선박들은
수출 드라이브 정책에 힘입어 나갈 때는 수출선, 들어올 때는 밀수선
으로 둔갑하였다. 특히 대일활선어선을 이용한 밀수가 날로 증가하자,
1979년 5월 11일 경남 장승포항의 마산세관 장승포출장소에 '남해안
특별감시선단'을 설치하여 다시 해상 밀수와의 전쟁을 벌여야 했다.

그 당시 밀수 기법도 예전의 특공대 밀수 못지않게 대범하고 조직적이었다. 야음을 틈타 항로를 이탈하여 밀수품을 다른 선박에 옮기거나 무인도와 같은 섬에 양륙, 또는 바닷속에 투하하는 방식이었다. 이러한 밀수기법을 단속하기 위해 입항지를 장승포·부산·목포·군산·포항·제주항으로 한정하여 직항하도록 항로규제조치를 취했다.

부산항이 근대 개항한 이후로 두드러지게 들어온 밀수품은 금이었다. 황금만능사상을 맹종하는 것처럼 주로 일본이나 홍콩 등지에서 선박편으로 밀반입되었다. 대부분이 선원을 통한 것이었던 밀수기법은 과히 놀랄 만큼 다양했다. 밀수품을 은닉할 수 있는 용기나 일정한 공간을 통상 비창(祕倉:비밀창고의 줄임말)이라고 부른다. 이러한 비창은 선박이나 차량의 구조를 활용하기도 하지만 특수 제작하기도 한다. 휴대하는 가방이나 신변용구도 손쉽게 이용할 수 있는 비창이기도 하고, 사람의 은밀한 신체 부위도 오랫동안 이용하는 비창의 하나였다. 그리고 비창은 화물의 종류와 규모, 운송 방법에 따라 다양하게 변하기도 한다. 그 변화의 중심에 화물 운송의 혁명아 컨테이너 철제박스도 때에 따라 밀수용기로 활용된다. 그래서 찾으려는 세관원과 은닉하려는 밀수조직 간에는 숨 막히는 대결이 펼쳐진다.

그리고 밀수는 국제성을 지니고 있기 때문에 일반인이 쉽게 접근하기 힘든 고급 정보망에 속한다. 한마디로 얼마만큼 정확한 밀수 정보를 입수하느냐에 따라 밀수 검거 승패가 좌우된다, 다시 말하면 누구로부터 밀수 제보를 받느냐에 따라 밀수 검거에 중요한 변수가 생기는 것이다. 때에 따라서는 이러한 선원 밀수의 배후에는 폭력조직과 같은 검은 그림자가 도사리고 있어 공격적이며 규모가 크다. 그러나 일반 선원들의 생계형 밀수는 주로 생필품을 밀수하기 때문에 규모면에서는 보잘 것 없다. 그러면 그동안 남해안 일대에 있었던 세관원과 밀수배 간에 있었던 쫓고 쫓기는 어둠속 해상밀수를 한 번 살펴보자.

대부분의 사람은 굴뚝에서 피어오르는 연기를 보고는 그냥 불을 지피는구나 하고 가볍게 지나친다. 그러나 범죄를 쫓는 수사관들은 피어오르는 연기 하나만을 보더라도 색깔과 냄새는 물론 아궁이에서 무슨 나무를 가지고 불을 지피고 있는 것까지를 파악을 할 정도로 예리한 직감력과 추리력을 동원해가면서 사물을 살핀다고 한다. 밀수를 잡기 위해서도 예외는 아니다. 숱한 정보를 분석하고 검토하여 치밀한 수사계획에 따라 끈기를 가지고 접근하게 된다.

부산항에서 냉동운반선에 의한 밀수 가운데는 제6 광남호 금괴 밀수가 유명했다. 한동안 부산항 주변에서 이 배가 전문 금괴 밀수선으로 자주 이름이 오르내리고 있었지만, 좀처럼 적발되지 않았다. 이러한 우범선박에 대해 수사요원들은 보다 광범위한 정보를 수집하기 위해 주로 접안되어 있는 부산 남항 부근에서 잠복근무를 하며 배의 동향을 살폈다. 드디어 이 배의 선원이 거액의 엔화를 환전해갔다는 정보가 부산세관 심리관실로 날아든 것은 지난 1993년 5월 말께였다.

남항에는 오랫동안 선원들을 등쳐먹고 사는 일명 '똥파리'들이 진을 치고 있었다. 이들은 이곳에서 터줏대감 노릇을 하며 선박과 선원에 대한 일거수일투족을 꿰뚫고 있었다. 이 바닥을 통해 밀수깨나 해서 먹고 살아가려면 평소 이들에게 달콤한 꿀물을 한두 방울씩 떨어뜨려주는 데 익숙해야 했다. 그래서 선원들은 일본에서 귀국할 때 참깨나 참기름과 같은 식품류를 가져와 이들에게 선심용으로 건네기도 했다. 문

부산항에서 황금괴 밀수로 유명했던 대일 냉동운반선

제는 이런 물품이 때로는 세관 수색요원들에게 은닉된 밀수품을 호도하는 술책으로 이용된다는 점이었다. 금괴는 귀한 진국이라 절대 맛을 보일 수 없고, 참깨와 같이 가벼운 식품류나 적발하고 내려가라는 선심용이기도 했다.

예정대로 제6 광남호는 6월 초순께 부산항에 입항했다. 선박검색의 달인 P 계장을 팀장으로 특별수사팀을 편성, 검역묘지에 입항한 선박에 올라 정밀수색을 한 지 3일째, 예상한 대로 화물칸 밑바닥에서 쇠꼬리와 참기름 등 11종의 밀수품이 나왔다. 바꿔 간 환전금액에 비하면 이것은 빙산의 일각으로 찾고자 하는 진국이 아니었다. 그래서 배를 부산세관 앞으로 끌어다 놓고 본격적인 선내수색에 들어갔다. 심지어 폭력조직이 이 배에 은닉된 금괴를 탈취할 계획이라는 정보까지 날아들어 긴장감은 더했다. 수사요원을 보강하고 외부 감시를 강화하면서 정밀수색을 강행했다. 이렇게 1주일을 넘기고 10일이 지나도 금괴는 발

부산항 최대의 황금괴 밀수 사건인 행남호에서 압수한 황금괴 214Kg

견되지 않았다. 무더위 속에 직원들도 지쳐 갔고, 선원들과 선주들의 항의도 대단했다. 수산물 수출을 제때 못하여 손실이 막심하다는 것이었다. 드디어 15일째, 마지막으로 선체 바닥의 오수를 모아놓은 빌지 탱크에 사활을 걸었다. K 반장이 먼저 기름띠를 헤치며 탱크 속으로 내려갔다. 그는 한동안 땀과 기름에 뒤범벅이 되어 엔진 틈새로 선체 밑바닥을 샅샅이 더듬어 가던 중 갑자기 손길이 멈춘 곳은 시멘트로 포장된 부분이었다. 드라이브로 찔러 보니 감촉이 이상했다. 즉시 오수를 퍼낸 뒤 확인해보니 그곳은 금괴 은닉처로 자그마치 금괴 220개(214kg, 당시 시가 약 22억 원, 현시가 약 143억 원)가 겹겹이 쌓여 빛을 발하고 있었다. 부산항 사상 최대의 금괴 밀수였다. 이들은 특수비창에 금괴를 넣고 시멘트로 포장한 뒤 해수와 기름을 채워서 왔던 것이다. 이처럼 200톤에 가까운 철강선 내부를 일일이 점검한다는 것은 쉬운 일이 아니다.

통상 선박 내 밀수품 은닉 장소로 빌지 탱크(bilge tank,폐수탱크)와 기름 탱크(oil tank)를 많이 이용한다. 선박 수색검사를 오래한 베테랑 수사관의 경우, 탱크에 망치를 두들겨 그 소리를 듣고 탱크 내 유량과 은닉 물품의 유무를 추정하기도 한다. 또한 이러한 탱크 내의 밀수품을 수색하기 위해 의료장비인 청진기나 산업용 내시경 망원경 등이 가끔 사용되기도 한다.

밀수도 하늘이 도와야 성공

1974년 4월, 폭풍주의보도 마다하지 않고 대한해협을 건너온 활선어 수출선 제16 천양호(40톤)가 목포항에 들어왔다. 이 배에 선박엔진 15개가 선적되어 있다는 정보를 받고 세관수사팀이 도착하여 온 선내를 뒤졌으나 찾고자 하는 엔진은 보이지 않았다. 그렇지만 그대로 물러설 수는 없는 일이었다. 온 김에 기관실이라도 점검해보고 가자는 반장의 지시에 따라 한 수사관이 청진기를 가져와 기름 탱크를 성심껏 진찰했다. 그런데 기름 탱크 안에서 미세한 기계음이 들리는 것이었다. 아무래도 전기면도기 소리와 같았다. 부푼 가슴으로 기름 탱크를 열어 살펴보니 별도로 특수 제작된 공간에는 2천 개의 면도기 등이 들어있었다. 소리 원인은 거친 파도에 배가 흔들리다 보니 빽빽이 숨겨놓은 면도기가 서로 부딪쳐서 스위치가 켜지는 바람에 작동을 했던 것이다. 폭풍이 아니었다면 감히 감춰둔 면도기가 스스로 작동한다는 것은 생각지도 못한 일이었다. 이와 비슷한 이야기가 항공화물 밀수에서도 있었다. 1970년 11월 말 즈음, 때아닌 겨울 안개가 부산 수영국제공항을 뒤덮었다. 이로 인해 홍콩에서 날아온 CPA기가 어쩔 수 없이 김포공항으로 기수를 돌려야만 했다. 이때 수영공항으로 가서 내려야 할 대형 냉장고 2대가 김포공항에 잘못 내려지고 말았다. 그런데 이상하게도 6개월이 지나도 화주가 나타나지도 않고 통관을 할 기색조차 보이지 않았다. 서울세관에서는 어쩔 수 없이 반송하려고 냉장고를 풀어 감정을 하려고 했다. 그런데 냉장고가 예상외로 무거웠다. 다시 정밀 검사를 한 결과, 아니나 다르랴! 냉장고 벽 속에서 금괴가 각각 35kg씩이나 정교하게 은닉되어 있었다. 생각지도 않은 냉장고에서 황금을 발견한 세관에서는 지금까지 왜 화주가 나타나지를 않고 꽁무니를 빼고 있었는지 알 것만 같았다. 이처럼 밀수도 하늘이 도우지 않으면 성공하기가 힘들다는 것을 앞의 두 사례에서 알 수가 있다.

선원도 때론 등짐을 진다

한 때 선원들 가운데는 자기 급료보다 많은 대가에 현혹이 되어 금을 신체의 은밀한 부분인 항문에 은닉해 오다 검거된 적도 더러 있었다. 이럴 경우는 소량의 금괴를 운반할 적에는 대량의 금은 이런 방법이 통하지 않았다.

지난 1996년 1월 1일, 3일 신정연휴가 시작되는 첫날이었다. 부산항 중앙부두에는 홍콩으로 정기적으로 운항하고 있는 오로라호가 접안되어 있었다. 세관에서는 평시보다 감시 근무를 강화하여 순찰반이 땅거미가 지고부터 이미 잠복근무에 들어간 상태였다. 연휴여서 그런지 부두는 마냥 조용하기만 했다. 되레 밀수꾼들은 이때를 세관 감시가 허술할 것이라고 착각을 하고 행동 개시에 들어가나 보다. 저녁 9시경 접안되어 있는 오로라호 바로 옆 컨테이너 야적장에서 검은 방한복을 걸쳐 입은 선원 한 명이 어슬렁거리는 것이 잠복팀에 포착되었다. 그런데 갑자기 인기척을 알아차렸는지 이 선원은 컨테이너 더미 뒤로 도망을 치기 시작했다. 잠복하던 순찰직원이 뒤 쫓아가자 얼마 가지 못하고 그만 무게 중심을 잃고 넘어졌다. 곁에 가서 손전등을 비추어보니,

선원은 겁에 질린 채 차가운 시멘트 바닥 위에서 가쁜 숨을 몰아쉬며 일어서려고 발버둥을 쳤다. 순찰직원이 겨우 일으켜 세워 사무실로 데리고 가서, 먼저 두툼한 방한복을 벗겼다. 아니나 다르랴! 그는 특수 제작한 금괴 운반용 조끼에 자그마치 금괴 1kg짜리 36개(당시 시가 약 4억 원, 현시가 약 24억 원)를 짊어지고 있었다. 이 선원은 홍콩에서 중국동포로부터 금괴를 건네받아 부산항에 와서 인수자에게 운반해 주는 조건으로 700만 원을 받기로 하고 등짐을 졌던 것이다. 이처럼 뭍에서 이런 일이 벌어져 그나마 감옥행으로 결말이 나서 다행이었지만, 이게 바다에서 일어났다면 어떠했을까?

이와 비슷한 밀수품을 운반하다 바다에서 불상사가 일어난 곳은 부산항이 아닌 인근 마산항이었다. 1978년 7월 초순께 마산항 제1부두에는 파나마 국적의 3,000톤짜리 무역선 하이그로리호가 정박하였다. 이 배가 마산항에 입항을 하면 값비싼 밀수시계가 시중에 유출되고 있다는 소문이 떠돌고 있어 항상 마산세관은 비상 근무를 할 판이었다.

특수 제작된 금괴 운반용 조끼

그날도 오후 늦게 하이그로리호로 입항수속을 갔던 K 내무반장이 부두순찰에 나섰다. 제1부두를 막 접어드려는 순간 접안해 있는 무역선에서 내려오던 중국 선원 세 사람과 우연히 마주치게 되었다. 이들은 K 반장을 보자마자 슬슬 뒷걸음을 치더니 자기 배로 도망치기 바빴다. 이들의 행동이 의심스러워 K 반장은 잽싸게 미행에 나섰다. 그런데 놀라운 건 조금 전에 분명 세 사람이 도망을 갔는데 배 사다리를 오르고 있는 사람은 두 사람뿐이라는 사실이었다. 한 사람은 대체 어디로 갔단 말인가? 순식간에 일어난 일이라 도무지 알 수가 없었다. 일단 먼저 배에 올라가서 도망친 선원 2명을 찾아보기로 했다. 겨우 찾아내 심문을 해 보았으나 묵묵부답이었고 가뜩이나 외출 중인 선원이 많아서 인원 파악을 하는 데는 힘이 들었다.

　　그날 저녁 마산세관 조사계 전 직원에게 비상이 걸렸고, 행방불명된 선원을 찾아보라는 긴급지시가 떨어졌다. 수사원들은 마산 시내 중국 음식점을 비롯해서 중국인과 관련된 업소를 수색했다. 그러나 도망간 선원은 좀처럼 나타나지 않았다.

　　드디어 선박이 출항할 시간이 다가왔지만 여전히 선원은 오리무중. 할 수 없이 선박 출항을 정지시키고 마지막으로 배가 접안되어 있는 바다 밑(수심 약 8m)을 수색해 보기로 했다. 세관스쿠버다이버가 잠수 장비를 둘러메고 물속으로 뛰어들었다. 한동안 잠수를 하던 다이버가 놀란 표정으로 물 밖으로 머리를 불쑥 내밀었다. 그리고 떨리는 목소리로 "바닥에 시체가! 시체가!"라고 소리쳤다. 전문 잠수부를 즉시 보강하여 경찰 입회하에 시체를 건져 올렸다. 그리고 동료 선원으로부터 확인을 시켰더니 그가 바로 엊그제 행방불명된 중국 선원 채문전(蔡文田,

당시 34세)이었다. 탱탱한 바짓가랑이를 찢어가며 검시한 결과, 양다리와 복부, 겨드랑이에 걸쳐 자그마치 스위스제 남자용 라도시계 120개와 시계줄 80개(당시 시가 약 800만 원)를 차고 있었다. 무게만 해도 15㎏이 넘었다. 붙잡히면 들통이 날 것 같으니까 급한 김에 바다에 빠져 위기를 모면하려고 했지만, 워낙 테이프로 몸을 휘감아 찬 밀수품 중량에 이기지 못하고 그대로 바닷속 용궁(龍宮)으로 주저앉고 말았다. 밀수품 하나라도 더 차고 나가면 돈이 된다는 눈앞의 이익에만 급급한 나머지 이러한 결과가 초래된 것이다. 이처럼 욕심은 내 자신을 어리석게 만들기도 하고 때에 따라서는 우리의 운명을 바꿔놓기도 한다.

해녀를 쫓아 나선 세관 스쿠버다이버

1970년을 전후해서 부산 영도의 청학동 해변에는 해녀가 낀 밀수품 운반조직이 활동하였다. 이들 조직은 특별히 건조한 5톤짜리 소형선박에 3~4명의 해녀를 태우고서 마치 자맥질을 하는 조업선으로 위장하여 주로 야간을 틈타 움직였다. 부두에 접안한 화물선에서 밀수품을 빼내려면 세관감시초소를 통과해야 하기 때문에 어려움이 많고 검거될 확률이 높았다. 그래서 나온 대안이 바로 해녀를 동원한 밀수품 운반조직이었다. 이들은 부산항 묘박지(錨泊地)에서 사전에 밀약한 계획에 따라 신호 불빛을 주고받으며 화물선에 접근하여 밀수품을 옮겨 실은 후 뭍으로 날랐다. 어쩌다 들킬 우려가 클 때는 앞서 바다에 밀수품을 빠뜨려 놓고, 뒤에 몰래 건져 가기도 했다. 선원들도 선박 수색 과정에서 검거될 확률이 높으면 미리 슬쩍 현품을 바다에 빠트리곤 했다. 이 정도라면 아무리 정확한 정보를 가지고 밀수검거에 나상 세관 수사반원도 닭 쫓던 개 지붕만 쳐다보는 꼴이 되고 만다. 현품이 없는데 무슨 밀수 사건을 처리한단 말인가? 이러한 밀수 형태에 대비하기 위해 인력을 보강한 것이 세관 스쿠버다이버였다. 1969년도 해군 SSU(해난구조대) 출신을 순차적으로 채용하여 수사요원이 선내 수색을 펼칠 때, 이들은 선박 주변의 바다 밑을 동시에 수색했다. 그런데 아이러니하게도 대일 활선어 수출선에 실려 있는 잠수복 한 벌이 빌미가 되어 밀수범이 잡힌 사실이 있었다는 점이다.

1974년 4월 경남 충무항(지금의 통영항)에 막 입항 수속을 마친 50톤짜리 활선어 수출선 해광호에 세관 수사요원들이 배에 올라 분주히 움직였다. 그전부터 이 배는 다른 활선어수출선에 없는 특이한 사항이 하나 발견되어 관찰 대상이 되었다. 그것은 잠수복 한 벌이었다. 선원들

해녀들을 이용한 밀수 방지를 위해 채용된 세관 스쿠버다이버 요원 ⓒ부산세관박물관

은 스크루에 그물이 걸릴 것을 염려하여 비치해 놓은 것이라고 우겼지만, 이해가 되지 않은 부분이 많았다. 항해코스가 거의 비슷한 다른 활선어 수출선에도 이런 잠수복이 비치되어 있어야 하는데 다른 배에서 찾기가 힘들었기 때문이다. 그래서 이번에 세관 스쿠버다이버로 하여금 해광호 선저 부분을 정밀검색하도록 했다. 약 한 시간 동안 배 밑바닥을 훑던 다이버가 드디어 물 위에 머리를 내밀면서 긴장된 모습으로 말했다. "키가! 아무래도 키가 이상해요." 즉시 배를 인근 조선소로 이동시켜서 급히 상가를 시켜 키(舵) 부분을 유심히 살폈다. 선체 산화방지용 아연판을 뜯어내자 철제로 된 키 공간에 비창을 만들어서 그곳에 금괴 10Kg이 은닉되어 있었다. 잠수복은 바로 이 금괴를 은닉하거나 들어내기 위해서 구비해 놓은 귀중한 장비였던 것이다. 어디 아니 땐 굴뚝에 연기가 나랴!

물 위의 보부상

1970년이 되면서 외국 물품이 부산항에 반입되는 양상이 달라지기 시작했다. 그해 6월 19일부터 3,000톤급의 페리호가 부산에서 시모노세키 간을 오가게 된 것이다. 한일 양국에 선적을 둔 2척의 국적선이 오가게 된 것은 1983년 4월 27일 이후가 된다. 그전에는 일본 국적선의 페리관부만 단독 운항했다. 초창기 이 페리호에는 50~60대쯤 되는 70여 명의 재일교포 여자 보따리상이 타고 있었다. 이들의 국적은 한국이었지만 연고지는 일본이었다. 이들 편으로 전자제품을 비롯한 다양한 일본제품이 국제시장 등으로 몰려오게 된다. 사실은 이들 교포 보따리상들은 한일관계사의 소용돌이 속에서 희생양이 된 사람들이었다. 해방을 맞아 설사 조국으로 귀환한다 해도 동년배의 친지가 살고 있는 고향에서 정착이란 게 쉬운 일이 아니었다. 그렇다고 조선 사람으로서 일본에서의 직장 얻기도 어려웠다. 전쟁과 병환으로 남편을 잃거나 아니면 이혼으로 홀로된 이들 상당수는 상업 외는 마땅한 직업이 없었다. 다행히 패리호가 뜨자 한일 간을 오가며 일본산 화장품이나 술을 비롯해서 비로도, 양복지와 식품류 및 생필품을 가져 나왔고, 나갈 때는 일본에 적을 둔 교포가 경영하는 식당이나 점포에 부산 국제시장 등지에서 구입한 일본에서 구하기 힘들거나 시장 가격이 좋은 매운 고추(땡초)와 고춧가루, 참기름이나 김 등을 사서 납품하는 식이었다. 이렇게 페리호와 연을 맺으면서 그날그날 선상에서 숙식을 해결하며 물 위를 떠도는 집시가 되었다.

대부분 페리호 승객은 10인용 객실을 이용했으나, 조금 여유가 있는 승객은 4인실을 이용했다. 선사에서는 이들 고정 보따리상 승객에 대해서는 옷장을 하나 지급했다. 그들은 배를 타고 오가면서 시간적 여유가 있으면 구입한 물건을 포장하는 일을 했다. 특히 부산으로 올 때는 짐을 꾸리는 방법이 달랐다. 먼저 양주 빈 박스 속에 화장품이나 계산기 등을 빈틈없이 넣고 이걸 요령껏 검은색 짐 가방 속에 은닉해야 했다.

이들은 주로 시모노세키 페리호 부두 근처에서 상품을 구입했다. 그 중에서 전자제품은 대부분 일본인이 경영하는 시바다전기(柴田電氣) 상회를 이용했다. 그렇지만 신제품은 백화점에서 구입해야만 신상품에

대한 신용도를 높일 수
있었다. 그리고 우리 교
포들이 경영하는 상점은
6~7곳 있었는데 이곳에
서는 식품류와 전자제품
을 동시에 판매했다. 보
다 더 싼 가격에 물품을
구입하기 위해서는 대형
할인마트 등지에서의 바
겐 세일 기간을 이용했
다. 여기서 대량 물건을

관부연락선의 한·일간 항로를 이어받은 화객선 페리관부호
(3,800톤급)

구입하여 단골 점포에 보관해두고 필요에 따라 서서히 가져왔다.

　1970년대 이 땅에 교포 보따리상이 가져온 물건은 고급스럽고 귀한
것들이 많았다. 한국전쟁 이후 생필품에 절대 빈곤을 겪어온 우리의 처
지로서는 이들 제품은 관심의 대상이 될 수밖에 없었다. 화장품, 숟가
락, 커피, 수건, 옷, 양복지, 트랜지스터라디오, 양장지(비로도), 문구류,
약품, 양산, 장갑, 포플러, 여성 속옷, 전자계산기, 시계류, 전기밥솥, 뒤
에는 디카, 캠코더, 카세트, 워크맨, 참깨, 참기름, 양주, 담배 등등 이루
말할 수 없는 다양한 일본제품이 이들의 손에 의해 이 땅으로 건너왔
다. 1970년대 이후 일본에서의 전자제품은 우리나라 산업을 보호하는
취지에서 다변화 품목으로 묶여 수입이 자유롭지 못했다. 이 때문에 보
따리상들이나 선원 등에 의해 일본 전자제품의 국내 반입이 이루어졌
다. 이걸 세관 당국에서 묵인할 수 있는 일이 아니었다. 때론 강력한 단

속을 하여도 보따리상의 속성상 암암리에 휴대품 속에 섞여 반입하였다. 훗날 이들 제품은 우리나라 전자제품의 성장 발전을 위해 미력하나마 자극제 역할을 했다는 뒷말도 있었다.

교포 보따리상이 탄 페리호가 부산항에 접안할 때면 터미널 내 입국장은 긴장감이 감돌았다. 혹시 상부에서 입국장 감찰이 나오거나 아니면 자체적으로 휴대품 검사를 강화하게 되면 분위기 굳어질 수밖에 없다. 이 때문에 이곳의 동정파악이 중요했다. 과다 반입 물품으로 유치되면, 모든 계획이 수포가 되기 때문에 모두의 귀와 눈은 입국장으로 향했다. 긴장감 속에 한발 두발 입국장 검사대로 향하는 발걸음은 무거울 수밖에 없다. 입국장 밖에는 단체여행자를 실어 온 관광버스와 일반 승용차, 택시 들이 줄을 서서 손님 맞을 준비를 하고 대기한다. 이 틈바귀에 나까마(중개인)가 승합차를 가지고 와서 입국장 출구 쪽만 주시하고 있다. 이들 나까마는 여관의 지배인 역할을 하면서 보따리상들과 밀접한 거래 관계를 맺은 사람들이다. 일단 입국검사대를 빠져나온 휴대품은 이들 나까마에 의해 가까운 인근 지역으로 신속하게 이동한다. 때로는 이동 중에 세관 심리과에서 대기 중인 수사진들에게 들켜 가방 통째로 압수가 되기도 한다. 이렇게 되는 날은 마치 해수욕장에 식인 상어가 나타난 것처럼 페리부두에서부터 국제시장 일대가 혼란 상태에 빠진다. 같은 세관직원으로서 직무에 따라 견제구를 날리며 페리부두의 질서를 잡는 것이다.

교포 보따리상들이 드나드는 여관은 중구지역에 거의 산재해 있었다. 중앙동에는 황금장·성주여관·극동장·성동여관·평화여관·항도장·서울여관·천초장·개국여관·대림장·한성장 등 숙소였고, 영주동에는 미보장, 동광동에는 일신장, 남포동에는 관해장, 부평동의 대영호텔 등이 있었다. 이곳에서 지배인과 함께 일단 짐을 정리 분류해서 국제시장이나 서울 동대문시장 등지로 특송이 되었다.

교포 보따리상 중 정규 교육과정을 마친 사람은 거의 없었다. 일본에서 가져온 물건에 대해 품목을 적을 때도 대개 지배인에게 맡겼다. 품목도 다양하고 수량도 10 단위가 아닌 낱개가 많았다. 처음에는 지배인과 함께 개수를 파악해서 신속하게 품목 작성을 해야 했다. 복사지가 없어 작성하다 보니 처음 적은 것이 원본이었고, 이 원본을 보고 옮겨 적은 것이 복사본이 되어 나중에 교포 보따리상에게 주어졌다. 일단 부산항 국제여객터미널을 빠져나온 상품은 비밀 창고로 옮겨져 서울 등지로 빨리 운송되어져야 했다. 새로 나온 상품일수록 수요가 많아 상품 공급이 딸렸다. 지배인은 1차 물건 처리가 끝난 후, 원본을 보고 사본을 하나 만들어 보따리상에게 건네주어야 했다. 그러나 몇몇 지배인은 사본을 베끼는 과정에서 물건 품목을 누락하거나 또는 개수를 적게 적어 이익 남기기에 급급했다. 교포 보따리상은 점심을 먹자마자 또 오후 출항에 맞추려면 시간이 다급했다. 그러다 보면 지배인을 믿고 나갈 수밖에 없다. 처음에는 이런 일도 모르고 지나쳤지만 뒤에는 뭔가 꼬이는 것 같은 기분이 들기도 했지만, 지배인과의 사이가 나쁘면 더 어려운 처지에 놓여질 것 같아 알고도 모른척하고 넘어가곤 했다. 이렇게 해서 몫을 챙긴 지배인의 수익은 짭짤했다.

세월이 흘러 이들 지배인들의 삶은 어떻게 변했을까? 당시 곁에서 오랫동안 이들 중개인을 지켜본 한 여관 주인은 이런 말을 전했다. "그런 마음으로 교포 보따리상을 대했던 지배인은 늘풍수(늘품)가 없습디

한일 간 페리호가 접안한 부산항 제1부두의 옛 국제여객선터미널 전경(1981년)

다," 뒤가 좋지 않았다는 것이다. "왜 그랬을까요?"하고 물었더니 대답이 명쾌했다. "사기를 쳤기 때문이지요. 그러니 좋을 수가 없지예." 교포 보따리상들은 항상 조국에 대해 고마움을 가지고 있었다. 그리고 자기들의 생활 터전인 페리호 선상을 무사히 다닐 수 있기를 바랐다. 항상 이들은 을의 위치에서 양국을 오갔다. 한마디로 교포 보따리상들은 국경을 넘는 물 위의 보부상이었다. 페리호 선상은 곧 그들의 생활이자 삶 그 자체였고, 하루하루가 긴장과 설렘 속에서 두 나라에 양다리를 걸친 이중 인생살이였다.

이렇게 페리호 선상을 독점으로 오갔던 보따리상들에게 위기가 닥친 것은 1988년부터 일본 비자를 받은 내국인들이 하나둘 페리호 선상에 나타나기 시작하면서였다. 그로부터 10년 후인 1997년부터는 복수비자를 받게 되면서부터 더욱 입지는 좁아졌다. 한번 비자를 받으면 일 년 동안 부담 없이 일본을 오갈 수 있었기에 많은 한국인들이 페리호 부둣가로 몰려들었다. 종전 교포 보따리상의 영역에 300명이 넘는 내국인 보따리상이 가뜩이나 IMF 사태로 실직한 사람들까지 몰려들어 국제여객터미널은 그야말로 문전성시를 이루었다. 그러다 보니 세관의 규제는 날로 심해지고 주변 여론이 좋을 리 없었다. 이것이 하나의 사회문제로 대두되면서 교포 보따리상의 입지도 더욱 좁아지게 되었다. 한마디로 페리호 선상생활도 예전 같지가 않았다. 배에서 다툼이 일어나고 도난사고도 잦았다. 항상 선상은 시끄럽고 온갖 소문이 난무하는 그런 시장바닥과 같은 공간으로 바꿔갔다. 그러나 이러한 보따리상도 2000년대 디지털시대가 도래하면서 서서히 내리막길을 걷기 시작했다. 어디까지나 일본제품은 아날로그 전자제품에서 경쟁력을 갖추고 있었다. 그리고 중국 상품의 일본 시장 잠식도 구매력을 잃는 원인이 되었다. 점차 일본에서 가지고 올 만한 상품이 없어졌다. 이제는 라면, 김, 소주 등 경쟁력이 있는 국내 상품을 가지고 가서 일본 세관에서 현장 통관하는 보따리 무역상만이 살아남는 그런 시대가 되고 말았다. 이렇게 되다 보니 일본 시모노세키의 부관페리 부두 근처에서 한국인 보따리상을 상대로 영업을 했던 전포들은 거의 문을 달았고, 소란하던 길거리엔 쓸쓸함이 넘쳐흘렀다. 그뿐이었다. 검은 가방을 양어깨에 메고 페리호 선상을 오르내리던 교포 보따리상들도 세월 앞에 더 이상 버티지 못하고 하나둘 선상을 떠났다. 여기에 코로나19사태까지 겹쳐 대한해협을 오갔던 뱃길마저 순조롭지 못하다보니, 부산항국제여객터미널에는 인적마저 끊겨 적막감이 가득하다.

애증의 바닷길

　대마도 특공대 밀수가 성행하게 된 것은 한국전쟁 이후 한국에서 건너간 밀항자들에 의해서였다. 실은 일본으로의 밀항은 이보다 앞서 해방 이후에 그 길을 텄다. 일본 등지에 있던 동포들이 막상 조국으로 귀국했으나 먹고살기가 힘들어 다시 일본으로 건너가는 역류 현상이 벌어졌던 것이다. 밀항 목적지가 일본이다 보니 자연스레 부산은 밀항 도시가 될 수밖에 없었다. 해방 다음 해인 1946년 〈서울신문〉에 나온 기사를 보면 6월에는 밀항자가 1,200명, 7월에는 9,000명, 8월에는 15,000명에 달할 정도로 기하급수적으로 불어났다고 했다. 놀라운 일은 밀항 조직들이 일본 본토에 밀항자를 풀어놓은 후에 귀국하면서 그곳 주변의 공작기계나 자전거, 심지어 자동차, 농기구 등을 훔쳐 간다는 것이었다. 이것 때문에 일본 내무성에서는 북 구주지방 해안에 감시소를 설치하고 현지 주민들과의 협조 속에 순찰반을 두어 경비를 강화한다고 했다. 또한, 이 사실을 연합군에게도 알려 우리나라 남해안 일대 해안선을 통제해 달라고 협조를 부탁할 정도였다.

　밀항자는 한국전쟁 이후인 1960년대 초반 4·19혁명, 5·16쿠테타 등 사회적 혼란기에 많았다. 그 무렵 부산항에는 어선보다 밀항선이 많다는 이야기가 공공연히 나돌기도 했다. 밀항 시기는 통상 6~7월을 선호했다. 이맘때가 되면 날씨가 따뜻하여 노숙이 가능하기 때문에 집 떠난 사람이 하나의 걱정을 덜게 된다. 그리고 녹음이 짙어지면 몸을 숨기기가 용이하고, 바다 안개까지 자주 끼게 되면 밀항선이 활동하기가 편하다고 한다. 어디까지나 이러한 사실들은 밀항자나 밀항선을 운영

밤이 되면 밀항선으로 둔갑하는 다대포항에 정박 중인 어선(1960년대)

한 사람들의 경험에서 나온 것이지만, 특정한 시기에 밀항자가 많이 설치게 되면 그만큼 단속도 심해지기 때문에 딱히 최적기가 할 수 없을 것이다.

밀항 출발지는 부산항뿐 아니라 여수·충무·마산 등 남해안 항·포구도 해당되었다. 그중에서도 영도와 다대포가 유명했다. 영도에서는 청학동·동삼동·태종대·제2송도 해안이 자주 찾는 곳이었고, 다대포는 텃세가 세 외부 사람이 함부로 접근하기가 힘든 외곽지대 포구로 명성이 높았다. 그리고 지금은 뭍으로 변했지만 감만·용호동 해안과 감천항도 빠질 수 없는 밀항지였다. 밀항지는 인적 드문 으슥한 곳이기 마련인데, 밀항자가 숨거나 도망치기 쉬운 곳을 고려한 까닭이다. 홀로 단독 밀항을 시도해도 문제가 따르는데 알선책이 모집한 밀항자가 적게는 10여 명에서 많은 때는 30~70여 명에 이르기도 했다. 사람이 많으면 외부 노출이 큰 문제였다. 그래서 주로 야간에 활동했다. 1950년대에는 1인당 5,000~10,000원의 알선비를 받고 2~15톤짜리 거룻배나 발동선에 태우는 식으로 밀항이 이뤄졌다. 하지만 1960~1970년대를 거치면서 20톤짜리 밀항선이 등장하는 등 밀항 수법이 대담해졌다.

밀항자들은 어렵게 마련한 자금을 알선책에게 건네고 숨 막히는 도항작전에 돌입하게 된다. 밀항은 비밀 조직과 함께해야 했기에 불안과 긴장감이 교차하는 일이었다. 자칫 정보가 새어 나가 검거되거나 밀항선이 바람에 떠밀려 표류할 수 있어 신중해야만 했다. 이렇게 불확실한 운명에 내맡겨진 이들이 조금이나마 위안을 얻기 위해 찾은 곳은 다름 아닌 점집이었다. 점쟁이가 던진 한마디 한마디는 밀항자에게 감언이설이 아닌 운명을 좌우하는 이야기로 들릴 수밖에 없었다.

1962년 1월 9일에는 일본어선 풍어환(6.9톤급, 20마력)이 밀항자를 싣고 영도 동삼동 하리 어촌 마을까지 잠입했다. 한일 양국 밀항 조직의 긴밀한 유대를 짐작하게 한다.

밀항이 많았던 1964년에는 밀항 사기꾼도 많아서 웃지 못할 일이 벌어졌다. 17명의 밀항자가 1인당 만 원을 내고 부산항에서 놀잇배를 탔다. 그리고 부산 앞바다의 무인도로 옮겨져 오후 7시 밀항선으로 옮겨 타 선창에 갇힌 채 항해를 시작했다. 새벽 3시가 되자, 선장은 일본에 도착했다며 하선을 지시했다. 하선지의 날이 밝았고, 이들을 맞은 것은 진해 해군방첩대였다. 선장은 밤새 배로 부산 인근 해역을 맴돌다가 가덕도에 밀항자를 내려놓고 도망친 것이다. 거제도도 밀항 사기꾼들이 자주 이용한 가짜 일본 섬이었다. 황당한 일을 당한 밀항자들 사

이에 "밀입국하다 걸려 일본 오무라 수용소에 갇히는 게 덜 억울하겠다"라는 말이 떠돌기도 했다.[3]

이렇게 재산과 생명을 걸고 도항길에 나서는 이들 밀항자의 목적지는 일본의 어느 지역이었을까? 1951년 6월 말 국경 나가사키현 본부의 자료에 따르면, 부산에서 출발한 밀항자 대부분의 목적지가 대마도로 나타났다. 태평양전쟁 후인 1946년부터 1951년까지 조선에서 대마도로 넘어간 밀항자는 약 12,800명이었으며, 대마도에서 검거한 수는 9,190명에 이른다고 했다. 당시 〈대마신문〉은 이즈하라 구치소가 '밀항자로 초만원'이라고 보도하고, 이 밀항·밀무역자의 면회인이 하루 평균 30명 정도 되며, 그 대부분은 케이한신(京阪神, 교토·오사카·고베) 방면의 사람이라고 했다.[4] 이것을 보면 밀항·밀무역자의 다수는 목적지가 대마도가 아닌 간사이(関西) 방면이었지만, 밀항선이 야간 항해 후 비밀리에 착륙하기 쉬운 장소가 대마도였다. 밀항자나 표류자가 일본에서 검거되거나 발견되면 결국엔 오무라 수용소로 보내진다,

오무라 수용소는 1950년 1월 나가사키현에 설치된 하리오(針尾) 수용소가 같은 해 10월 오무라시(大村市)의 옛 해군 항공 공장 터로 이전하면서 그 역사가 시작되었다. 발족 당시는 법무성 오무라 입국자 수용소였으나, 1993년에 오무라 입국관리센터로 바뀌었다. 시설 규모는 약 66,000㎡ 부지에 신·구 수용소가 나누어져 있었다. 구 수용소는 여자 전용이었고, 남자는 철근 콘크리트로 된 2층 건물에 수용되었

---

3) 이용득 『부산항이야기』, p260, 유진북스, 2019
4) 永留久惠, 『對馬國志』 제3권, p110~113

1993년에 '오무라 입국관리센터'로 바뀐 오무라 강제수용소

다. 다다미가 10개씩 깔린 방에 10명씩 총 1,000명이 수용되었다. 해마다 보통 3, 7, 11월 세 차례 강제송환이 이뤄졌는데 검거된 밀항자의 수에 따라 횟수와 일정이 달랐다. 초기에는 중국인(대만인 포함) 송환자도 일부 수용했지만, 중국인과 조선인 수용자 사이에 마찰이 발생해 1955년부터 한국인, 조선인만 수용하게 되었고 이후 오무라는 조선인 전용 수용소로 알려졌다. 일본에서 퇴거 명령을 받은 조선인 불법 입국자가 강제 송환될 때까지 대기하는 곳이라 일명 '형기(刑期) 없는 수용소' 또는 '추방의 기지'로 통했으며 송환 비용은 일본이 부담하는 국비 송환이었다.

오무라 수용소에서 밀항자가 처음으로 우리나라에 강제 송환된 것은 1950년 12월이었다. 당시 955명이 배를 타고 부산항으로 돌아왔다. 그로부터 33년이 지난 1983년 6월에는 128명이 JAL 전세기를 타고 김해공항에 내렸다. 100번째 강제 송환이었고, 모두 2만 1,239명이

송환되었다. 처음에는 배였지만, 1980년 7월 이후에는 전세기로 돌아왔다. 강제 송환자는 부산항에 오면 사하구 괴정동의 외국인 수용소로 보내져, 수용소에서 며칠간 정보기관의 조사를 받고서야 고향으로 돌아갈 수 있었다.

1983년 일본 경찰은 일본 내 한국인 불법 입국자를 약 5만 명으로 추산했다. 이들은 해방 전후 이산가족이거나 한국전쟁 이후 생존과 돈벌이를 위한 밀입국자였다. 이들 중 제주도 출신이 많은 것은 제주4·3사건 등으로 일본 내 연고자를 찾아 밀항하는 경우가 많았기 때문이다. 이처럼 대일 밀항은 우리나라의 역사적 위기 때마다 자의든 타의든 밀항자에게 탈출구가 되었던 애증의 바닷길이었다.

.

부록

부산항의 역사
김한근

구석기시대

20,000년 전에서 15,000년 전의 것으로 추정되는 후기 구석기시대에 해당되는 유적이 해운대 좌동·중동·청사포, 금정구 노포동에서 발견됨.

신석기시대

8,000년 전에서 7,000년 전의 것으로 추정되는 신석기시대 유적이 영도구 동삼동·조도·영선동 패총과 다대동·암남동·범방패총, 금곡동 율리 암음유적 등 18개소에 이름.

청동기시대

BC 3,000년을 전후하여 신석기시대가 끝나고 새로운 청동기시대가 시작됨. 동삼동 위층유적과 금곡동 유적에서는 신석기시대 말기에 이미 초기 청동기시대 문화와 접촉한 흔적이 일부 나타남. 하지만 부산지역의 청동기시대는 청동기시대 후기(기원전 1천 년 전후)의 유물과 유적으로 구서동·온천동·장전동·금사동·거제동·사직동·수영동·부곡동·낙민동·대신동·괴정1,2동·감천동 등 전 지역에 고루 발견됨.

철기시대

철기시대는 기원전 150년 전후부터 대략 300년간을 말하며, 삼한 또한 삼국시대 초기에 해당함. 이 시기에 해당되는 유적으로는 조개무지와 고분이 있는데, 조개무지는 조도·영선동 조개무지 위층·다대동 조개무지 위층·괴정동·동래 등에 최근까지 남아 있었고, 그 외에 청학동·전포동·범천동·하단동·신평동 등에도 있었으나 도시개발로 소멸됨. 고분은 오륜대·괴정동·화명동·복천동 고분이 대표적이며, 전기는 앞 시대의 전통을 계승한 석관묘(石棺墓)와 석곽묘(石槨墓)였고, 후기에는 돌을 여러 단으로 쌓아서 만든 수혈식 석관묘와 동래 낙민동에서 나온 옹관묘가 유행함. 그 외 금사동에서는 풍토광묘(土壙墓)도 발견됨.

삼한시대 및 삼국시대

삼한시대와 삼국시대는 복천동고분군·연산동고분군 등

통일신라시대

· 685년 삼국통일 후 지방제도를 주군현제로 개편되면서 양주 소속 군(거칠산군)으로 편입
· 757년 거칠산군을 동래군으로 개편

고려시대

· 고려말 부산은 왜구가 침입하여 노략질이 심하여 피해가 가장 심하였던 곳으로, 공민왕 때 경남, 부산지방에 약 30회에 걸친 왜구의 침략이 있었음.
· 937년(고려 태조 20) 일본에 최초로 사신 파견
· 1387년(고려 우왕 13년) 경상도 도순문사(慶尙道都巡門使) 박위 동래읍성 축축.
· 1018년 동래군을 동래현으로 격하, 울주의 속현이 됨

조선시대

· 1367년 동래에 진(鎭)이 설치됨
· 1387년 8월 동래 복천동 고읍성 건립
· 1396년 8월 9일 왜구들 경상도 해안 침입. 동래·기장·동평성 함락
· 1397년 부산진 설치 및 부산진성 건립
· 1407년 부산포에 왜관을 설치
· 1413년 경상좌도수군절제사 설치
· 1490년 다대포성 건립
· 1544년 가덕진성 및 천성진성 건립
· 1547년 동래현에서 동래도호부로 승격. 대마도주와 정미약조 체결로 부산포왜관 재개함.
· 1592년 경상좌수영성 건립
· 1592년 4월 14일 임진왜란 발생. 임진왜란으로 인해 부산포왜관이 1601년까지 10년간 폐쇄됨
· 1592년 9월 1일~2일 임진왜란 부산포해전
· 1598년 임진왜란 종결
· 1607년 기유약조 체결로 두모포왜관 설치(현 동구 수정시장 일대)
· 1607년 초대 조선통신사 국교 회복을 위해 여우길(呂祐吉)을 정사로 한 467명 일본으로 출발
· 1614년 영가대 건립

- 1636년 동래독진대아문 건립. 동래부 동헌 창건
- 1678년 초량왜관 및 초량객사 건립
- 1703년 금정산성 건립(1707년 금정산성 제1·2·3·4 망루 및 중문·금정진 관아 건립)
- 1655년 동래부에 독진을 설치,
- 1797년 10월 13일 프로비던스호 입항. 영국 제독 브라우튼 탐험선이 용당포에 표착(이 때「부산항」지도 그림)
- 1811년 김이교(金履喬)를 정사로 한 제12대 마지막 조선통신사 336명 일본으로 출발
- 1859년 영국인'존 워드'함장 엑티온호로 부산항에 도착.「부산항」지도 제작

근대 개항 이후 일제강점기 ─────────
- 1876년 2월 27일 강화도조약(조일수호조규) 체결로 개항
- 1876년 초량왜관 철폐
- 1877년 부산일본전관거류지 설치
- 1878년 9월 28일 두모진해관 설치(1878년 12월 19일 폐쇄함)
- 1881년 절영진 설치
- 1883년 7월 3일 부산해관(현 세관) 설치
- 1884년 청나라 영사관 설치
- 1888년 부산해관 부지 매축공사와 확장공사 완공 (1887년 착공)
- 1890년 부산감리서 설치
- 1900년 초량 객주 정치국(丁致國)이 함경도 객주들과 부두창고 회흥사(會興社) 설립(남선창고의 효시)
- 1901년 부산전등주식회사 설립(1902년 광복로에 가로등 개설)
- 1902년 1월 구덕 수원지 준공(일명 고원견산 수원지)
- 1902년 7월 29일 제1기 북빈매축공사 착공
- 1905년 1월 1일 경부선 철도 전 구간 개통
- 1905년 9월 관부연락선 첫 출항
- 1906년 12월 태종대 영도등대, 목도등대로 개설하여 최초 점등
- 1907년 초량역에서 중앙동까지 해안철로 개설
- 1908년 4월 1일 중앙동에 임시 부산역[철도] 개통
- 1908년 8월 31일 제2기 부산항 북빈매축공사 완공

(1907년 4월 1일 공사 착공)
- 1909년 성지곡수원지 조성(1910년 복병산배수지 조성)
- 1909년 12월 25일 가덕도등대 건립 최초 점등
- 1910년 11월 20일 부산진~동래간 경편전차 운행 개시
- 1911년 부산항 제2부두 축조공사 시행
- 1912년 영도 대평초등학교 자리에 다나카조선소 설립
- 1912년 6월 15일 부산항 제1부두 준공
- 1912년 8월 30일 쌍산착평공사 준공(1909년 5월 15일 공사 착공)
- 1915년 10월 31일 부산전차 시내구간 운행 개시(부산진~부산우편국)
- 1917년 부산진 제1기 매축공사 준공(1913년 3월 31일 공사 착공)
- 1919년 제2기 부산 축항공사 추진(1928년까지 부산 제1부두와 부산 제2부두 확장, 남방파제 축조, 항내 준설공사 등을 실시함).
- 1919년 부산항 제2부두 준공
- 1921년 5월 7일 조선총독부 수산시험장 설립
- 1925년 4월 1일 진주에서 부산으로 경상남도 도청 이전
- 1926년 6월 영도 대풍포 매축공사 완공(1916년 착공)
- 1928년 부산전차 대신동 공설운동장까지 연장
- 1929년 2월 부산 남항 제1기 매축공사 실시(자갈치 해안 매축)
- 1932년 3월 7일 구포교 건설
- 1932년 12월 부산진 제2기 매축공사 준공(1926년 11월 1일 공사 착공)
- 1934년 11월 부산 남항 제2기 매축공사 준공(제2 방파제 축조 및 초장동 해안 매축)
- 1934년 11월 23일 영도다리 준공
- 1934년 12월 16일 동해 남부선 해운대~좌천 구간 개통. 동해남부선 완공
- 1936년 3월 31일 구 부산시 청사 건립
- 1937년 오륙도 등대 개설 점등
- 1937년 7월 10일 조선중공업 설립(철강 전문 조선소로 1950년 1월 1일 대한조선공사로 변경. 현, 한진중공업)
- 1938년 6월 부산 남항 제3기 매축공사 준공(완월동 해안을 매립하는 공사)

- 1939년 부산진 제3기 매축공사 준공
- 1941년 부산항 제3부두 준공
- 1942년 5월 부산 남항 제4기 매축공사 준공(1941년 5월 시작, 공사내용은 미확인)
- 1943년 부산항 제4부두 준공
- 1944년 12월 적기만 매축공사 완공

해방 이후

- 1945년 8월 부산항 중앙부두 준공
- 1945년 11월 5일 현 한국해양대학교, 진해고등상선학교로 개교
- 1950년 6월 25일 한국전쟁 발발
- 1950년 8월 18일 부산 임시수도가 됨
- 1953년 8월 15일 휴전협정 조인(7월 27일)으로 정부 환도
- 1956년 3월 13일 부산해양고등학교 사립 선원양성학교로 개교(1995년 2월 28일 폐교됨.)
- 1957년 6월 29일 원양어선 1호 지남호(指南號, 230톤급 소형) 참치를 잡기 위해 부산항 제1부두를 출항.
- 1962년 신부산건설사업 시작
- 1962년 1월 20일 전국 어항에 어촌계 설립

부산직할시 시대

- 1963년 부산시에서 부산직할시로 승격
- 1963년 9월 수영 부산비행장 국제공항으로 승격
- 1963년 11월 1일 부산항 제1부두에 부산수산센터(현 부산공동어시장) 개장.
- 1963년 12월 광부와 간호사들 독일로 파견
- 1964년 1월 12일 아리랑호 해방 후 한일 정기여객항로 첫 출항
- 1964년 2월 10일 한국 선원 해외 첫 송출
- 1964년 9월 11일 부산항에서 1차 베트남 파병
- 1964년 10월 17일 초량동 산복도로 개통
- 1966년 원양어업 본격적으로 시작
- 1966년 9월 1일 영도대교 도개 중단
- 1968년 5월 20일 부산 시내 전차운행 중단
- 1969년 초량동 산복도로 수정동과 연결되어 부산의 대표적 산복도로인 망양로 탄생

- 1969년 6월 초량 부산역 신축공사 완공
- 1969년 8월 30일 부관훼리주식회사 설립
- 1969년 12월 19일 경부고속도로 부산~대구 구간 개통
- 1970년 3월 2일 부산항 최초로 컨테이너 선박 도착(미국 선사 시랜드(Sealand)가 컨테이너를 싣고 부산항 제4부두에 하역함.)
- 1970년 6월 19일 부관페리 첫 출항
- 1970년 7월 경부고속도로 개통
- 1971년 대티터널 완공
- 1971년 남부민동 부산공동어시장 신축공사 거행
- 1973년 11월 남해고속도로 개통
- 1973년 11월 14일 제1 만덕터널, 제2 낙동대교 준공
- 1974년 11월 부산항 제1단계 개발사업 착공(제5, 6부두를 컨테이너 및 양곡 전용부두로 축조)
- 1975년 3월 제8부두 축조공사 착공(1980년 12월 준공)
- 1976년 8월 수영 부산비행장 강서구 대저동으로 이전(명칭을 김해국제공항으로 변경)
- 1978년 감천항 개발 기본계획수립(감천항 개발사업 1979~1999년 추진됨)
- 1978년 제5부두·제6부두 축조공사 준공
- 1978년 2월 24일 부산연안여객 부두 준공(1976년 9월 21일 시공)
- 1978년 3월 27일 부산해사고등학교, 국립한국선원학교로 개교
- 1978년 5월 30일 제1부두에 부산국제여객부두 개장(1975년 12월 27일 착공)
- 1978년 8월 29일 부산항 제7부두 준공
- 1979년 감천항 개발 사업 착수(1999년 완료)
- 1979년 3월 제5부두 축조공사 준공(컨테이너 및 양곡 전용부두)
- 1980년 1월 30일 부산대교 준공(1976년 10월 8일 착공)
- 1980년 10월 7일 부산 최초의 도시고속도로인 번영로 완공(1977년 5월 착공)
- 1980년 12월 제8부두 준공
- 1981년 1월 1일 부산직할시 도시철도건설본부 설립(2006년 1월 1일 부산교통공사가 됨)
- 1981년 1월 7일 개척호 북양 출어 시작

- 1981년 6월 부산 지하철 1호선 공사 착공
- 1981년 9월 4일 부마고속도로 개통
- 1983년 3월 부산항 제2단계 개발 사업 준공(1979년 7월 착공)
- 1983년 7월 1일 경상남도 도청 부산에서 창원으로 이전
- 1984년 구덕터널 준공(1981년 착공된 부산의 첫 유료 터널)
- 1985년 12월 부산항 제3단계 개발 사업 착수(신규 컨테이너 부두 축조를 목적)
- 1988년 제2 만덕터널·제2 부산터널 개통
- 1988년 일본 비자를 받은 한국인 보따리상의 출현
- 1990년 감천항 중앙 부두와 관공선 부두, 감천항 제7부두 완공
- 1990년 6월 동부산컨테이너터미널 설립
- 1990년 9월 카멜리아라인 주식회사 창립(12월 부산항과 일본 하카타 항 사이 정기항로 개설)
- 1991년 부산항 제4단계 개발사업 착수(감만컨테이너부두 축조공사 착공)
- 1991년 6월 신선대 컨테이너부두 준공
- 1993년 3월 3일 국립부산선원학교에서 부산해사고등학교로 개칭
- 1993년 12월 31일 구포대교 개통
- 1994년 동서고가로(제2 부산고속도로) 완공
- 1994년 6월 23일 지하철 1호선 전구간 개통

부산광역시 시대

- 1995년 부산직할시에서 부산광역시로 개칭
- 1995년 자성대부두 개축공사 시행(1개 선석을 추가 확보 및 신선대 부두를 300m 정도 확충. 1996년 완공)
- 1995년 감천항 감천 제1~제3부두, 감천 제5~제6부두, 다대부두 개항
- 1995년 황령터널 완공
- 1995년 부산항을 동북아시아 국제 물류 중심의 항만으로 개발하는 신항만사업 추진(2020년까지 26년 계획)
- 1996년 9월 2일 우암부두(부산항 제7부두) 개장(1995년 8월 착공)
- 1997년 장산 1, 2터널·제1, 2 녹산교 준공
- 1997년 우리나라 수출액 100억 달러 돌파

- 1997년 10월 6일 남항대교 가설공사 착공
- 1997년 12월 31일 신호대교 준공
- 1998년 1월 백양터널 준공(1993년 7월 착공)
- 1998년 1월 20일 부산광역시청 중앙동에서 연산동으로 이전
- 2001년 12월 수정터널 준공 및 관문대로(중앙고속도로와 연결되는 부산 제3 고속도로) 완공
- 2002년 7월 26일 국제여객터미널 증축공사 완공
- 2003년 1월 광안대교 개통
- 2004년 1월 16일 부산항만공사 설립
- 2004년 4월 1일 경부고속철도 서울~동대구 구간 개통
- 2005년 북항재개발사업 추진
- 2006년 1월 신대구~부산간 고속 도로 개통
- 2008년 감천항 제4부두 개장
- 2008년 1월 10일 부산 지하철 2호선 전 구간 개통
- 2008년 7월 9일 남항대교 준공
- 2008년 9월 부산국제수산물 도매시장 개장
- 2008년 12월 구포교 철거
- 2008년 12월 29일 부산 해운대구~울산 남구를 연결하는 고속도로 개통
- 2009년 2월 경부고속철도 금정터널 준공
- 2010년 부산신항 1단계 사업 완료
- 2010년 1월 30일 을숙도 대교 준공
- 2010년 11월 1일 경부고속철도 동대구~경주~부산 개통
- 2010년 11월 30일 김해 진례역에서 부산신항역까지 이어지는 철도 부산신항선 개통
- 2010년 12월 14일 거가대교 개통
- 2011년 3월 30일 부산 지하철 3·4호선 전 구간 개통
- 2011년 4월 영도대교 철거(2013년 11월 27일 영도대교 왕복 6차로 확장복원 준공 개통)
- 2011년 8월 30일 부산 김해 경전철 준공(9월 16일 정식 개통)
- 2014년 5월 23일 부산항대교 개통
- 2014년 12월 부산국제여객터미널 건립 완공(2012년 10월 26일 기공)

부산문화재단 사람 · 기술 · 문화총서 ⑧
부산항을 가득 채우는 사람들의 이야기 부산항사람들
ⓒ 2021, 부산문화재단

초판 1쇄 발행 2021년 12월 17일
기획   부산문화재단 기획홍보팀
발행처   부산문화재단
              48543 부산광역시 남구 우암로 84-1 (감만동)
              T. 051-744-7707 F. 051-744-7708 www.bscf.or.kr
글쓴이   김병용 김성환 김수우 김승 김정화 김한근 박현주 박희진
              반민순 배길남 서경원 오지은 원성만 이용득 이현주
편집위원   김한근 박희진 반민순 배길남 오지은 최원준
책임편집   허장수 김지혜
제작 및 유통   도서출판 호밀밭
출판등록   2008년 11월 12일 (제338-2008-6호)
              부산광역시 수영구 연수로 357번길 17-8
              T. 051-751-8001 F. 0505-510-4675 homilbooks.com